Desserts

Desserts

Eis und heiß

Schokolade pur

Cremes, Mousses und Pudding

Mit Früchten

Das große Plus

Eva verführte Adam mit einem Apfel,

nicht mit einer Salzstange.

Das Gelobte Land ist jenes,

wo Milch und Honig fließen,

nicht Hühnersuppe und Vinaigrette.

Und eine der ältesten Höhlenmalereien mit kulinarischem Hintergrund zeigt eine junge Frau – beim Ausrauben eines Bienenstockes. Die menschliche Sehnsucht hat im Laufe der Zeit viele Namen bekommen und viele Geschichten. Aber ihren Geschmack hat sie immer behalten: Sie ist SÜß.

Seit es Menschen gibt, gibt es Süßigkeiten. Geändert hat sich nur der Grad der Verfeinerung. Während unsere steinzeitlichen Vorfahren nicht zögerten, Bienenwaben samt darin lebenden Maden zu verspeisen, und auch die alten Römer Honig noch für ein legitimes Mittel hielten, um sowohl Gegrilltes als auch Fisch und Krustentiere ihres Eigengeschmacks zu berauben, beharrte man später, im christlichen Europa, darauf, dass Süßes ganz besonders gut OHNE Fleisch schmeckt. Am liebsten als »Desert«, serviert (sert) nach (de) dem Abtragen. Zucker war im Mittelalter sehr wohl bekannt. Aber teuer, denn Zuckerrohr wurde nur in Indien und Persien angebaut. So kam es, dass die ersten europäischen Konditoren in der Welthandelsstadt Venedig ihr Handwerk aufnahmen. Weshalb die Kunst, Desserts herzustellen, bis heute von der italienischen Küche beeinflusst ist. Was für ein Glück! Denn was wären wir ohne Panna cotta, Tiramisu und – Gelato. Das Letztere allerdings haben wieder mal die Chinesen erfunden. Bevor Marco Polo das Rezept an seine Landsleute verriet. Aber wie immer kommt es nicht darauf an, wer's erfunden hat. Sondern was man daraus macht. Beweise? Bitte: Unsere himmlischen Dessertrezepte, die wir Ihnen gern verraten. Machen Sie was draus!

Eis und heiß

Parfait, Sorbet, Cassata – manche lieben's Eis. Diese Rezepte
vertiefen die Beziehung zwischen Mensch und Gefrorenem,
garantiert. Manche lieben's aber auch heiß – voilà, an die
haben wir auch gedacht. Wir sagen nur: Soufflé!

Erdbeerparfait *mit Karamell*

braucht Übung | gut vorzubereiten

6	Portionen
	Zubereitungszeit 40 Min.
	Gefrierzeit im Tiefkühlgerät 12 Std.
Pro Portion	ca. 260 kcal, E 5 g, F 14 g, KH 28 g

300 g	Erdbeeren
4	Eigelbe
80 g	Zucker
30 ml	Erdbeersirup (gibt's im gut sortierten Supermarkt)
150 g	Sahne
300 g	Joghurt
etwa 30 g	Puderzucker
	kleine Blüten und Erdbeerblätter zum Anrichten, nach Belieben

• Für sechs Tassen (à 200 ml Inhalt) etwa 2 cm breite und ausreichend lange Backpapierstreifen zuschneiden, die einmal um die Tassenöffnung passen. Die Streifen so um den Tassenrand legen, dass das Papier etwa 1,5 cm darüber hinausragt, mit Klebestreifen festkleben.

• Für das Parfait die Erdbeeren abspülen, putzen und mit dem Stabmixer fein pürieren. Eigelbe, Zucker und Erdbeersirup in eine Metallschüssel mit rundem Boden geben. Die Masse über dem heißen Wasserbad mit einem Schneebesen schaumig aufschlagen, bis sie dick und cremig ist. Schüssel vom Wasserbad nehmen und rühren, bis die Masse abgekühlt ist.

• Die Sahne steif schlagen. Joghurt und Erdbeerpüree unter die kalte Eimasse rühren und die Sahne vorsichtig unterheben. Die Parfait-Masse so hoch in die vorbereiteten Tassen füllen, dass sie etwa 1 cm über dem Rand steht. Parfaits ins Tiefkühlgerät stellen und über Nacht gefrieren lassen.

• Die Papiermanschette entfernen. Die Parfaits gleichmäßig mit dem Puderzucker bestreuen und mit einem Bunsenbrenner vorsichtig karamellisieren. Eventuell mit Blüten und Blättern verzieren und sofort servieren.

Tipp Wenn Sie keinen Bunsenbrenner haben, etwas braunen Zucker über das Parfait streuen. Oder Zucker in einer Pfanne goldbraun karamellisieren lassen und den flüssigen Karamell mit einem Löffel in feinen Streifen über das Eis geben.

Klassiker

Vanilleeis

Klar kann man Eis im Supermarkt kaufen oder in der Eisdiele genießen.
Wenn man aber zu Hause das kalte, nach Vanille duftende, cremige
Etwas auftischt, ist der Genuss perfekt.

6 Portionen
Zubereitungszeit 1 Std.
Kühlzeiten 3 Std.
Gefrierzeit in Eismaschine und Tiefkühlgerät 3 Std. 30 Min.

Pro Portion ca. 340 kcal, E 8 g, F 24 g, KH 24 g

1	Vanilleschote	8	Eigelbe
½ l	Milch	100 g	Zucker
1 Päckchen	Vanillezucker	250 g	Sahne

• Die Vanilleschote längs aufschneiden und das Mark mit einem spitzen Messer herauskratzen (Step 1). Milch, Vanilleschote und -mark in einen Topf geben. Den Vanillezucker in die Milch streuen, sodass der Topfboden damit bedeckt ist. Milch nicht umrühren, kurz aufkochen lassen. Die Milch vom Herd nehmen und etwa 10 Min. ziehen lassen.

• Eigelbe und Zucker mit den Quirlen des Handrührgerätes in etwa 5 Min. dick und cremig aufschlagen. Die Vanilleschote aus der Milch nehmen und die warme Milch unter ständigem Rühren zur Eicreme gießen (Step 2). Die Eiermilch in den Topf geben und langsam erhitzen, dabei mit einem Schneebesen kräftig schlagen, bis sie dicklich wird (Step 3).

• Die Creme in eine Schüssel geben, abkühlen lassen und anschließend für mindestens 3 Std. in den Kühlschrank stellen.

• Die Sahne steif schlagen und unter die Creme rühren. Die Masse in die Eismaschine geben und cremig gefrieren lassen. Dann das Vanilleeis in eine Schüssel umfüllen und abgedeckt in das Tiefkühlgerät stellen. Zum Servieren mit einem Eiskugelformer Kugeln entnehmen.

Varianten 50 g Zartbitterschokolade fein hacken und kurz bevor das Eis ganz gefroren ist, dazugeben.

Oder Erdbeerstückchen, geröstete Mandeln, lösliches Kaffeepulver oder Amarena-Kirschen unterrühren. Oder, wenn das Eis umgefüllt wird und dann in das Tiefkühlgerät kommt, Fruchtsirups unterrühren, sodass Schlieren entstehen.

1

2

3

Tipp

Bitte auf die Füllmenge der Eismaschine achten. Eventuell das Eis in zwei Portionen gefrieren lassen.

Cremiges Erdbeereis

einfach | schmeckt Kindern

10 Portionen
Zubereitungszeit 25 Min.
Gefrierzeiten in der Eismaschine 30–45 Min.
Pro Portion ca. 210 kcal, E 3 g, F 12 g, KH 21 g

300 g	Sahne
300 ml	Milch
2 Päckchen	Vanillezucker
3	Eigelbe
600 g	Erdbeeren
120 g	Zucker
	frische Erdbeeren zum Garnieren

• Sahne, Milch und Vanillezucker aufkochen. Eigelbe mit dem Schneebesen verquirlen. Die kochend heiße Sahne-Milch langsam zu den Eigelben gießen, dabei gut rühren, damit sich keine Klümpchen bilden. Abkühlen lassen.

• Die Erdbeeren abspülen und putzen. 400 g Erdbeeren vierteln und mit dem Zucker mit dem Stabmixer fein pürieren. Die restlichen Erdbeeren in kleine Würfel schneiden.

• Die kalte Sahnemischung und das Erdbeerpüree in die Eismaschine füllen und cremig gefrieren lassen. Nach 30–45 Min., wenn die Masse schon cremig gefroren ist, die Erdbeerwürfel unterrühren.

• Eiscreme aus der Eismaschine nehmen und eventuell noch für 30 Min. in das Tiefkühlgerät stellen (falls die Eiscreme noch sehr weich und nicht formbar ist).

• Das Eis mit einem Eiskugelformer zu Kugeln formen und auf einer Platte anrichten. Die Erdbeeren abspülen und mit den Eiskugeln servieren.

Varianten Nach diesem klassischen Rezept kann auch jede andere Fruchteiscreme zubereitet werden. Die Zuckermenge kann allerdings etwas variieren, da die verschiedenen Fruchtsorten unterschiedlich süß sind.

Tipp Wer keine Eismaschine hat, gibt die Eiscreme für mindestens 3 Std. ins Tiefkühlgerät. Durchrühren ist wegen des großen Fettanteils nicht nötig.

Amarettiparfait

raffiniert | für Gäste

8	**Portionen**		
	Zubereitungszeit 1 Std.		
	Gefrierzeit im Tiefkühlgerät 12 Std.		
Pro Portion	**ca. 300 kcal, E 6 g, F 13 g, KH 20 g**		

200 g	Amaretti (ital. Mandelkekse)	250 g	Sahne
3	Eier	500 g	Sauerkirschen
7 EL	Zucker	je ½	Bio-Zitrone und -Orange
3 EL	Vin Santo (italienischer Dessertwein; oder süßer Sherry oder Apfelsaft)	1	Vanilleschote
		3 EL	Kirschsaft

• Die Amaretti im Mixer fein reiben. Die Eier trennen. Eigelbe und 3 EL Zucker in einer Schüssel über dem heißen Wasserbad mit den Quirlen des Handrührgerätes schaumig schlagen. Amarettibrösel und Vin Santo unterrühren. Die Schüssel in ein kaltes Wasserbad stellen und rühren, bis die Masse kalt ist.

• Sahne und Eiweiße getrennt steif schlagen und vorsichtig unter die abgekühlte Creme ziehen. Eine runde Form oder Springform (18 cm ∅) mit Frischhaltefolie auslegen und die Creme einfüllen. Glatt streichen und über Nacht ins Tiefkühlgerät stellen.

• Die Kirschen kalt abspülen und entsteinen. Zitrone und Orange heiß abspülen, trocken tupfen und die Schalen abreiben. Die Zitrone auspressen. Die Vanilleschote längs aufschlitzen, das Mark mit einem spitzen Messer herauskratzen.

• Zucker und 5 EL Wasser in einen Topf geben und bei großer Hitze kochen, bis der Zucker hellbraun und karamellisiert ist. (Vorsicht, der Zucker verbrennt sehr schnell.)

• Kirschen, Orangen- und Zitronenschale, Zitronen- und Kirschsaft, Vanillemark und -schote dazugeben (aufpassen, es spritzt) und die Kirschen bei kleiner Hitze in 5 Min. zu Kompott kochen.

• Aus dem Parfait Nocken abstechen, auf Portionstellern anrichten und mit den lauwarmen Kirschen servieren.

Tipps Zum Abstechen einen Esslöffel in heißes Wasser tauchen und damit die Nocken vom Parfait nehmen.

Die ausgekratzte Vanilleschote kann man gut zum Dekorieren verwenden.

Mohnparfait

einfach | fein

6	**Portionen**
	Zubereitungszeit 45 Min.
	Gefrierzeit im Tiefkühlgerät mindestens 6 Std.
Pro Portion	**ca. 415 kcal, E 9 g, F 35 g, KH 13 g**

4	ganz frische Eigelbe
60 g	Zucker
etwa 150 g	frisch gemahlener Mohn (oder backfertige Mohnmischung)
4 cl	Rum (oder Orangensaft)
400 g	Sahne

• Eigelbe und Zucker in einer Metallschüssel über dem heißen Wasserbad mit einem Schneebesen cremig aufschlagen, bis die Masse dicklich wird. Dann im kalten Wasserbad unter Rühren abkühlen lassen.

• Mohn und Rum unter die Eimasse ziehen. Die Sahne steif schlagen und unter die Mohn-Ei-Masse heben.

• Eine Terrinenform (etwa ¾ l Inhalt) mit Frischhaltefolie auskleiden und die Masse einfüllen. Das Parfait für mindestens 6 Std., besser über Nacht, einfrieren.

• Das Parfait etwa 15 Min. vor dem Servieren aus dem Tiefkühlgerät nehmen, stürzen und in Scheiben oder Würfel schneiden.

Dazu selbst gemachtes Aprikosen- oder Pflaumenkompott

Variante Statt Rum kann auch Weinbrand oder Whisky verwendet werden.

Tipp Wenn eine fertige Mohnmischung verwendet wird, eventuell etwas weniger Zucker zum Aufschlagen der Eier nehmen. Die Mohnmischung enthält viel Zucker und könnte so das Parfait zu süß machen.

Manchego-Eis mit Trauben

raffiniert | einfach

6	**Portionen**
	Zubereitungszeit 1 Std.
	Gefrierzeit in der Eismaschine 20–30 Min.
Pro Portion	**ca. 350 kcal, E 17 g, F 23 g, KH 19 g**

4	ganz frische Eigelbe
80 g	Zucker
½	Vanilleschote
½	Bio-Orange
375 ml	Milch
125 g	Sahne
225 g	Manchego-Käse
100 g	blaue Weintrauben

● Eigelbe und Zucker mit den Quirlen des Handrührgerätes cremig schlagen. Die Vanilleschote längs aufschneiden, das Mark mit einem spitzen Messer herauskratzen, zur Eicreme geben und unterrühren.

● Die Orange heiß abspülen und trocken tupfen. Die Schale fein abreiben und zur Eicreme geben. Milch und Sahne aufkochen und langsam unter Rühren zur Eicreme gießen. Die Creme in den Topf geben und langsam unter Rühren erhitzen, bis sie etwas dicklich wird. Den Topf vom Herd nehmen.

● 125 g Käse fein reiben und unter die heiße Creme rühren. Den Topf in kaltes Wasser stellen und die Käsecreme unter Rühren abkühlen lassen. Die Creme in die laufende Eismaschine gießen und in 20–30 Min. cremig gefrieren lassen.

● Die Eiscreme mit einem Eiskugelformer zu Kugeln formen und in Portionsschälchen füllen. Zum Anrichten den restlichen Käse in vier Stücke schneiden. Die Trauben abspülen und als kleine Dolden an den Schalenrand hängen. Je 1 Stück Käse dazulegen.

Variante Statt Trauben schmecken auch Orangenspalten oder -filets dazu.

Tipp Manchego ist ein aromatischer Hartkäse aus Schafmilch, der in Spanien aus der Region La Mancha kommt. Für den Käse wird nur die Milch der »Manchega«-Schafe genommen und er muss laut Gesetz vor dem Verkauf mindestens 2 Monate reifen. Manchego-Käse ist wegen seiner Besonderheiten seit 1984 ursprungsgeschützt.

Apfel-Granita

einfach | raffiniert

6 **Portionen**
Zubereitungszeit 30 Min.
Gefrierzeit im Tiefkühlgerät 4–6 Std.
Pro Portion ca. 90 kcal, E 0 g, F 0 g, KH 11 g

4 grüne Äpfel (z. B. Granny Smith; etwa 600 g)
1 Zitrone
50 g Puderzucker
1–2 TL Rosenwasser (Bioladen oder Apotheke)

• Die Äpfel heiß abspülen, trocken reiben, vierteln, entkernen und fein würfeln. Den Zitronensaft auspressen.

• Apfelwürfel, Zitronensaft und Puderzucker mischen und für 2–3 Std. ins Tiefkühlgerät stellen.

• Die Apfelmischung im Mixer oder mit dem Stabmixer pürieren, in eine Metallschüssel füllen und für weitere 2–3 Std. ins Tiefkühlgerät stellen. Dabei alle 30 Min. mit einer Gabel oder mit einem Schneebesen kräftig durchrühren, damit die Eiskristalle klein bleiben und das Eis cremig wird.

• Die Apfel-Granita in Glasschälchen füllen und mit etwas Rosenwasser beträufeln. Sofort servieren.

Variante Auch Aprikosen, Pfirsiche, Mango oder Birnen eignen sich für so eine Frucht-Granita.

Tipp Die sizilianische Granita ist ähnlich wie ein Sorbet oder Sherbet, nur mit gröberen Eiskristallen. Basis ist Fruchtsaft und Zuckersirup. Granita ist ein herrliches Sommerdessert, außerdem eignet sie sich als Topping für cremige Desserts, wie z. B. Panna cotta.

Himbeereis *am Stiel*

schmeckt Kindern | einfach

4	**Stück**
	Zubereitungszeit 20 Min.
	Gefrierzeit im Tiefkühlgerät mindestens 4 Std.
Pro Stück	**ca. 145 kcal, E 2 g, F 0 g, KH 26 g**

1	Limette
250 g	Himbeeren
125 g	Ahornsirup
125 ml	Buttermilch

• Die Limette auspressen und 2 EL Saft abmessen. Limettensaft, 225 g Himbeeren und den Ahornsirup in einem kleinen Topf aufkochen. Vom Herd nehmen, mit dem Stabmixer fein pürieren und die Masse durch ein Sieb streichen. Das Himbeerpüree abkühlen lassen. Die Buttermilch unterrühren.

• Die restlichen Himbeeren in vier Eisförmchen oder kleine Tassen geben. Die Himbeer-Buttermilch-Mischung daraufgießen und je einen Eisstiel hineinstecken. Für mindestens 4 Std., besser über Nacht, einfrieren.

• Zum Verzehr die Förmchen kurz in heißes Wasser tauchen und das Eis am Stiel aus den Tassen ziehen.

Varianten Für das Eis eignen sich auch tiefgefrorene Himbeeren.

Das Eis schmeckt auch mit anderen Früchten, z. B. Erdbeeren, Pfirsichen, Aprikosen oder Heidelbeeren. Eventuell ändert sich die Menge des Ahornsirups, saure Früchte benötigen etwas mehr.

Tipp Lässt man das Eis in einer Eismaschine gefrieren, bleibt es feiner und cremiger. Die Früchte dann erst kurz vor dem Servieren unterrühren, sonst werden sie zerrieben.

Rhabarber-Sorbet *mit Wein*

einfach | exotisch

8	Portionen
	Zubereitungszeit 50 Min.
	Abtropfzeit 2 Std.
	Kühl- und Gefrierzeiten 2 Std. 30 Min.
Pro Portion	ca. 130 kcal, E 0 g, F 0 g, KH 27 g

750 g	Rhabarber
200 ml	Roséwein
½	Vanilleschote
200 g	Puderzucker
	einige rosa Pfefferbeeren

• Den Rhabarber putzen, abspülen und in Stücke schneiden. Mit dem Wein und ⅛ l Wasser bei kleiner Hitze etwa 5 Min. kochen. Den Rhabarber in ein mit einem Mulltuch ausgelegtes Sieb geben und mindestens 2 Std. abtropfen lassen.

• Die Vanilleschote längs aufschlitzen und das Mark mit einem spitzen Messer herauskratzen. Von dem Rhabarbersaft 400 ml abmessen und mit Vanillemark und Puderzucker verrühren. Den Saft für 1 Std. in den Kühlschrank stellen (den Rhabarber anderweitig verwenden, siehe Tipp). Dann in die Eismaschine füllen und in 20–30 Min. cremig gefrieren lassen.

• Die Creme in eine Metallschüssel geben und für 1 weitere Std. in das Tiefkühlgerät stellen. Kleine hohe Gläser im Tiefkühlgerät vorkühlen.

• Das Sorbet durchrühren und in einen Spritzbeutel mit großer Sterntülle füllen. Sorbet in die Gläser spritzen und mit zerstoßenen rosa Pfefferbeeren bestreuen. Sofort servieren.

Variante Nach diesem Rezept können auch andere Fruchtsorbets mit Erdbeeren, Himbeeren, Aprikosen o. Ä. zubereitet werden.

Tipps Abgetropften Rhabarber als Kompott servieren, beispielsweise zum Milchreis von Seite 45.

Wer keine Eismaschine hat, kann den Saft gleich in eine Metallschüssel füllen und für 3–4 Std. in das Tiefkühlgerät stellen. Dann alle 20 Min. mit einem Schneebesen kräftig durchrühren, damit sich keine großen Eiskristalle bilden und das Sorbet cremig bleibt.

Erdbeer-Marsala-Cassata

gut vorzubereiten l für Gäste

10	Portionen
	Zubereitungszeit 1 Std.
	Gefrierzeit im Tiefkühlgerät 5 Std.
Pro Portion	ca. 285 kcal, E 5 g, F 16 g, KH 22 g

50 g	Mandelblättchen	200 g	Sahne
120 g	Zucker	4	Eigelbe
50 g	Pistazienkerne	150 ml	Marsala-Wein
50 g	weiße Kuvertüre		Öl zum Bestreichen
50 g	Amaretti (ital. Mandelkekse)	150 g	schöne Erdbeeren
500 g	Erdbeeren		zum Verzieren

• Alufolie auf einem Backblech ausbreiten und mit Öl einstreichen. Mandelblättchen mit 2 EL Zucker in einer Pfanne ohne Fett bei mittlerer Hitze goldbraun karamellisieren. Krokant auf die Folie streichen und abkühlen lassen.

• Inzwischen Pistazien, Kuvertüre und Amaretti grob hacken. Die Erdbeeren abspülen, putzen und würfeln. Die Sahne steif schlagen und kalt stellen. Eigelbe, Marsala und restlichen Zucker in eine Metallschüssel mit rundem Boden geben. Über einem heißen Wasserbad mit einem Schneebesen schlagen, bis die Masse dick und cremig ist. Die Schüssel vom Wasserbad nehmen und weiterschlagen, bis die Creme auf Zimmertemperatur abgekühlt ist.

• Den Krokant zerbröseln. Mit Erdbeeren, Pistazien, Kuvertüre und Amaretti unter die Creme rühren. Die Sahne vorsichtig unterheben. Die Masse in eine Gugelhupfform (etwa 2 l Inhalt) füllen und für etwa 5 Std. in das Tiefkühlgerät stellen.

• Die Form kurz in heißes Wasser tauchen und die Cassata auf eine Platte stürzen. Die Erdbeeren abspülen, putzen, halbieren und die Cassata damit verzieren.

Tipps Die Cassata etwa 10 Min. vor dem Servieren aus dem Tiefkühlgerät nehmen und antauen lassen.

Das Eis kann auch in Portionsschälchen oder Tassen eingefroren werden. Zum Servieren wie beschrieben aus den Förmchen stürzen und verzieren.

Erdbeer-Mascarpone-Eistorte

einfach | gut vorzubereiten

16 Stücke
Zubereitungszeit 1 Std. 10 Min.
Gefrierzeit im Tiefkühlgerät 4 Std.
Pro Stück ca. 285 kcal, E 4 g, F 20 g, KH 18 g

100 g	Butter		3	ganz frische Bio-Eier
150 g	Löffelbiskuits		1	Bio-Zitrone
400 g	Erdbeeren		70 ml	Himbeergeist (nach Belieben)
120 g	Zucker		500 g	Mascarpone

• Für den Tortenboden die Butter schmelzen. Die Biskuits zerbröseln und in der Küchenmaschine fein mahlen. Biskuitbrösel und Butter gut vermischen. Den Boden einer Springform (24 cm ∅) mit Backpapier auslegen. Biskuitmischung gleichmäßig auf dem Boden verteilen und mit den Händen oder einem Esslöffel zu einem festen Tortenboden zusammendrücken.

• Für die Mascarponecreme die Erdbeeren abspülen und putzen. Erdbeeren und 60 g Zucker mit dem Stabmixer pürieren und kalt stellen.

• Die Eier trennen. Die Zitrone heiß abspülen, trocken tupfen und die Schale fein abreiben. Den Saft auspressen. Eigelbe, Zitronensaft, 1 TL Zitronenschale, Himbeergeist und restlichen Zucker in eine Metallschüssel mit rundem Boden geben. Über einem heißen Wasserbad mit den Quirlen des Handrührgerätes schlagen, bis die Masse dick und cremig ist.

• Die Schüssel vom Wasserbad nehmen und die Masse weiterschlagen, bis sie lauwarm abgekühlt ist. Den Mascarpone unterrühren. Die Eiweiße steif schlagen und unter die Creme heben. Eine Hälfte auf den Tortenboden geben. Das Erdbeerpüree darauf verteilen und die restliche Creme daraufstreichen. Creme und Erdbeerpüree mit einer Gabel spiralförmig verrühren, sodass Schlieren entstehen. Die Torte für etwa 4 Std. in das Tiefkühlgerät stellen.

Variante Der Teigboden schmeckt besonders aromatisch, wenn er vor dem Füllen im vorgeheizten Ofen bei 200° (Umluft 180°, Gas Stufe 4) etwa 10 Min. vorgebacken wird. Dann ganz abkühlen lassen.

Tipps Die Torte vor dem Servieren etwa 10 Min. antauen lassen.

Die Eier sollten ganz frisch sein, weil das Eiweiß roh in die Creme kommt. Die angetaute Torte nicht wieder einfrieren, sondern schnell verbrauchen.

Apfelbeignets
mit Weinschaum

einfach | preiswert

4	**Portionen**
	Zubereitungszeit 45 Min.
Pro Portion	ca. 580 kcal, E 14 g, F 21 g, KH 37 g

4	feste, säuerliche Äpfel	40 g	Butter
1	Zitrone	¼ l	Weißwein
2 Päckchen	Vanillezucker	100 g	Holunderblütensirup
3	Eier		(Reformhaus, Getränkehandel)
1 EL	Zucker	3	Eigelbe
150 g	Mehl		brauner Zucker zum Bestreuen
200 ml	Milch		

• Die Äpfel schälen und die Kerngehäuse mit einem Apfelausstecher ausste-chen. Die Äpfel in Scheiben schneiden und in eine Schüssel legen. Die Zitrone auspressen und die Hälfte des Safts über die Apfelringe träufeln. Den Vanille-zucker darüberstreuen. 2 Eier trennen.

• Eigelbe und Zucker mit den Quirlen des Handrührgeräts schaumig schlagen. Mehl und Milch dazugeben und rühren, bis ein glatter Teig entstanden ist. Den Teig 10 Min. stehen lassen, damit das Mehl quellen kann.

• Die Eiweiße steif schlagen und unter den Teig heben. Die Butter in einer Pfanne erhitzen. Die Apfelringe portionsweise in den Teig tauchen und im heißen Fett von jeder Seite goldbraun braten. Die Küchlein auf Küchenkrepp abtropfen lassen und mit braunem Zucker bestreuen.

• Für den Weinschaum Wein, übrigen Zitronensaft, Sirup, Eigelbe und 1 Ei in eine Schüssel mit rundem Boden geben und über einem heißen Wasserbad mit den Quirlen des Handrührgerätes schlagen, bis eine dickcremige Sauce entstan-den ist. Die Schüssel mit der Sauce kurz in ein kaltes Wasserbad stellen und schlagen, damit sie nicht zusammenfällt. Sofort servieren.

Variante Statt Weinschaum schmeckt auch Vanillesauce zu den Äpfeln.

Tipp Die Apfelringe in heißem Fett in einer Fritteuse ausbacken.

Marillenknödel

preiswert | für Gäste

8 Stück
Zubereitungszeit 1 Std.
Abtropfzeit 12 Std., Ruhezeit 1 Std.
Pro Portion ca. 270 kcal, E 13 g, F 11 g, KH 30 g

---

500 g Magerquark
½ Bio-Zitrone
200 g Weizen-Toastbrot
2 Eier
75 g Zucker
75 g weiche Butter
8 Aprikosen (oder Kirschen oder Zwetschgen)
Salz
8 Löffelbiskuits
Mehl zum Arbeiten

Tipp
Wenn die Früchte sehr sauer sind, 1 Stück Würfelzucker an die Stelle des Steins in die Mitte der Früchte geben.

• Ein Mulltuch in ein Sieb legen und den Quark darin über Nacht im Kühlschrank abtropfen lassen. Die Zitrone heiß abspülen, trocken tupfen und die Schale fein abreiben. Den Saft auspressen. Das Toastbrot entrinden und in sehr kleine Würfel schneiden.

• Eier und Zucker mit den Quirlen des Handrührgerätes dick und cremig schlagen. Butter, Zitronensaft und -schale unterrühren. Quark und Brotwürfel unter die Eicreme rühren und den Teig für etwa 1 Std. kalt stellen.

• Die Aprikosen abspülen, trocken tupfen, aufschneiden und entsteinen. Auf einer leicht bemehlten Arbeitsfläche den Quarkteig mit bemehlten Händen zu einer Rolle formen und in acht Scheiben schneiden. Je 1 Aprikose auf jede Teigscheibe legen, den Teig darüberklappen und mit den Händen zu einer Kugel rollen.

• Reichlich Salzwasser in einem weiten flachen Topf aufkochen. Quarkklößchen in das Wasser geben und bei kleiner Hitze in etwa 7 Min. gar ziehen lassen (nicht kochen!).

• Die Biskuits in einen Gefrierbeutel geben und mit einer Küchenrolle fein zerbröseln. Knödel mit einer Schaumkelle aus dem Wasser heben und in den Bröseln wenden. Noch warm servieren.

Dazu Vanillesauce oder braune Butter

Mohnküchlein *mit Sirup*

raffiniert | für Gäste

18	**Stück**
	Zubereitungszeit 30 Min.
	Backzeit 20–30 Min.
Pro Stück	**ca. 285 kcal, E 5 g, F 14 g, KH 34 g**

75 g	Mohnsamen oder backfertige Mohnmischung	2 EL	Backpulver
		60 g	gemahlene Mandeln
130 g	Vollmilchjoghurt	200 ml	frisch gepresster Orangensaft
1	Bio-Orange	200 g	süßer Orangenfruchtaufstrich
200 g	weiche Butter	1	Orange
230 g	Zucker	2 EL	Zitronensaft
3	Eier		Fett für die Formen
300	Mehl		

• Den Backofen auf 180° (Umluft 160°, Gas Stufe 3) vorheizen. Mohn und Joghurt verrühren. Die Orange heiß abspülen, trocken tupfen und die Schale abreiben. Butter, 1 EL Orangenschale und Zucker mit den Quirlen des Handrührgerätes hell-cremig schlagen.

• Die Eier nacheinander unterrühren. Dann die Mohn-Joghurt-Mischung unterrühren. Mehl und Backpulver mischen und darübersieben. Mandeln und Orangensaft dazugeben und alles unterrühren.

• Kleine ovale Förmchen (etwa 100 ml Inhalt) oder die Mulden einer Muffinform gut fetten. Förmchen etwa zu zwei Dritteln mit Teig füllen. Die Küchlein im Ofen 20–30 Min. backen (siehe Tipp). In den Förmchen etwas abkühlen lassen, dann stürzen und herauslösen.

• Für den Orangensirup den Fruchtaufstrich erwärmen und glatt rühren. Die Orange auspressen. Orangen- und Zitronensaft unter den Aufstrich rühren und alles abkühlen lassen. Den Orangensirup zu den Küchlein servieren.

Tipp Wer genug Formen hat, kann natürlich alle Küchlein, am besten mit Umluft, auf einmal backen. Oder in mehreren Durchgängen arbeiten.

Varianten Statt Orangensirup schmeckt auch Vanille- oder Schokoladensauce zu den Küchlein.

Mandeltartelettes

raffiniert | einfach

6	**Stück**
	Zubereitungszeit 45 Min.
	Backzeiten 45 Min.
Pro Stück	**ca. 470 kcal, E 6 g, F 30 g, KH 44 g**

150 g	Mehl	2 EL	Kirschwasser nach Belieben
150 g	Zucker	½	Bio-Orange
	Salz		Bittermandel-Aroma
75 g	kalte Butter		Mehl zum Arbeiten
100 g	Mandelblättchen		getrocknete Hülsenfrüchte
200 g	Sahne		zum Vorbacken

• Für den Mürbeteig Mehl, ½ TL Zucker, ½ TL Salz, Butter in Flöckchen und 4 EL kaltes Wasser erst mit den Knethaken des Handrührgerätes, dann mit den Händen schnell zu einem glatten Teig verkneten. Den Teig in Frischhaltefolie wickeln und für 15 Min. kalt stellen.

• Den Backofen auf 200° (Umluft 180°, Gas Stufe 4) vorheizen. Für die Füllung Mandeln, Sahne, restlichen Zucker, 1 Prise Salz und eventuell Kirschwasser in einem Topf unter Rühren in etwa 20 Min. hellgelb einkochen lassen.

• Die Orange heiß abspülen, trocken tupfen und die Schale fein abreiben. Den Topf mit der Mandel-Sahne vom Herd nehmen und die Orangenschale und ein paar Tropfen Bittermandelaroma unterrühren.

• Den Teig auf einer leicht bemehlten Arbeitsfläche ausrollen und sechs Kreise (etwa 9 cm ⌀) ausstechen. Sechs kleine Tartelteförmchen (8 cm ⌀) damit auslegen. Den Teig andrücken und mit einer Gabel mehrmals einstechen. Den Teig mit Backpapier belegen. Hülsenfrüchte hineingeben und die Böden im Ofen etwa 15 Min. vorbacken. Hülsenfrüchte und Papier entfernen und die Tartelettes weitere 5–10 Min. backen.

• Die Mandelmasse in die Förmchen füllen und etwa 20 Min. bei gleicher Temperatur fertig backen. Tartelettes auf einem Kuchengitter lauwarm abkühlen lassen und aus den Förmchen nehmen (kalt lassen sie sich schlecht herauslösen).

Tipp Der Karamell in den Förmchen kann überkochen und auf den Backofenboden tropfen. Deshalb lieber ein Backblech mit Alufolie auslegen und die Förmchen daraufstellen.

Crêpes mit Zitronenquark

einfach | preiswert

6	Stück
	Zubereitungszeit 45 Min.
	Marinierzeit 12 Std.
Pro Stück	ca. 325 kcal, E 11 g, F 11 g, KH 42 g

5 Stängel	Zitronenthymian
150 g	flüssiger milder Honig
1 EL	Butter
125 g	Mehl
2	Eier
125 ml	Buttermilch
125 ml	Weißwein (oder Apfelsaft)
30 g	Zucker
250 g	Speisequark
120 g	griechischer Joghurt (oder stichfeste saure Sahne)
1	Bio-Zitrone
	Butter zum Braten

• Für den Würzhonig den Thymian abspülen, trocken tupfen und die Blättchen von den Stielen streifen. Thymianblättchen und Honig am besten über Nacht durchziehen lassen.

• Für die Crêpes die Butter schmelzen. Butter, Mehl, Eier, Buttermilch, Wein und Zucker mit den Quirlen des Handrührgerätes zu einem glatten Teig verrühren und 30 Min. bei Zimmertemperatur quellen lassen.

• Inzwischen Quark und Joghurt glatt rühren. Die Zitrone heiß abspülen und trocken tupfen. Die Schale fein abreiben und den Saft auspressen. Den Quark mit Zitronenschale und -saft abschmecken.

• Eine beschichtete Pfanne (22 cm ⌀) mit etwas Butter ausstreichen und darin nacheinander sechs dünne Crêpes backen. Die fertigen Crêpes auf Tellern anrichten und etwas Zitronenquark daraufgeben. Mit dem Würzhonig beträufeln und noch warm servieren.

Tipps Zum Backen der Crêpes die Pfanne nur auf mittlerer Hitze vorheizen. Ist die Pfanne zu heiß, stockt der Teig zu schnell und kann nicht mehr dünn in der Pfanne auseinanderlaufen. Das ist wichtig, damit der Crêpe schön dünn wird.

Falls Honig übrig bleibt, als Brotaufstrich verwenden.

Rosensoufflé mit Teefrüchten

braucht Übung l für Gäste

10	Portionen
	Marinierzeit 2 Std.
	Zubereitungszeit 45 Min.
	Backzeit 10–12 Min.
Pro Portion	250 kcal, 9 g E, 10 g F, 29 g KH

je 10	getrocknete Feigen, Aprikosen und Datteln	20 g	Sahnepuddingpulver
1 Msp.	gemahlener Ingwer	2 EL	Rosenwasser (Apotheke oder Bioladen)
200 ml	frisch aufgebrühter, starker Earl-Grey-Tee	4	Eier
1	Orange	80 g	Zucker
120 g	Pinienkerne		Salz
1	Granatapfel	1 EL	Puderzucker
200 ml	Milch		Butter und Zucker für die Förmchen

• Alle Früchte klein würfeln und mit Ingwer mischen. Den Tee darübergießen. Die Orange auspressen und den Saft dazugeben. 2 Std. ziehen lassen.

• Die Pinienkerne in einer Pfanne ohne Fett rösten. Den Granatapfel halbieren und die Kerne auslösen. Die marinierten Früchte auf zehn Schälchen verteilen, die Granatapfelkerne und Pinienkerne (bis auf 2 EL) darüberstreuen. Beiseitestellen. Den Backofen auf 160° (Umluft 140°, Gas Stufe 2) vorheizen. Die Fettpfanne in den Ofen schieben und etwa 2 cm hoch mit kochendem Wasser füllen. Zehn Souffléförmchen rundum fetten und mit Zucker ausstreuen.

• Für das Soufflé aus Milch und Puddingpulver nach Packungsangabe einen Pudding ohne Zucker kochen. Den Topf vom Herd nehmen und das Rosenwasser unterrühren. Die Eier trennen. Eigelbe mit 40 g Zucker mit den Quirlen des Handrührgerätes dickcremig schlagen. Heißen Pudding nach und nach unterrühren.

• Die 2 EL Pinienkerne fein hacken. Die Eiweiße mit 1 Prise Salz steif schlagen. Den restlichen Zucker einrieseln lassen und weiterschlagen, bis er sich aufgelöst hat. Eigelbcreme und Pinienkerne auf den Eischnee geben und mit dem Schneebesen locker unterheben, sodass keine Eischneeflöckchen mehr zu sehen sind.

• Die Soufflémasse in die Förmchen füllen und im Ofen in die Fettpfanne ins heiße Wasserbad stellen, 10–12 Min. backen. In dieser Zeit den Ofen nicht öffnen.

• Die Soufflés herausnehmen, schnell mit Puderzucker bestäuben und sofort zusammen mit dem marinierten Obst servieren.

Milchreis mit brauner Butter

preiswert | schmeckt Kindern

4	**Portionen**
	Zubereitungszeit 1 Std.
	Quellzeit 45 Min.
Pro Portion	ca. 490 kcal, E 8 g, F 35 g, KH 36 g

½	Bio-Zitrone
½ l	Milch
1 EL	Zucker
½	Vanilleschote
	Salz
125 g	Milchreis (Rundkornreis)
200 g	Sahne
75 g	Butter

• Für den Milchreis die Zitrone heiß abspülen und die Schale mit einem Spar-schäler wie bei einem Apfel abschälen.

• Die Milch in einen Topf geben und den Zucker einstreuen, sodass der Topf-boden dünn mit Zucker bestreut ist. Die Milch langsam aufkochen lassen.

• Die Vanilleschote längs aufschlitzen und das Mark mit einem spitzen Messer herauskratzen. Vanillemark, -schote und Zitronenschale zur Milch geben und mit aufkochen lassen. Wenn die Milch kocht, 1 Prise Salz und den Reis einstreuen, nochmals kurz aufkochen lassen und den Herd ausschalten. Den Topf zugedeckt auf dem Herd stehen lassen und den Reis 40–45 Min. quellen lassen. Den Reis ganz abkühlen lassen und nochmals durchrühren.

• Die Sahne steif schlagen und mit einem Schneebesen unter den Reis heben. Reis in Portionsschälchen füllen und in die Mitte mit einem Löffel eine Mulde eindrücken. Die Butter in einem Topf kurz bräunen lassen und in die Mulden vom Milchreis geben.

Dazu Zimt und Zucker. Statt brauner Butter Apfelmus, Kirschkompott oder Ahornsirup dazu servieren.

Tipp Als süßes Hauptgericht reicht der Milchreis für 3 Personen.

Beeren-Crumble

einfach | für Gäste

4	**Portionen**
	Zubereitungszeit 45 Min.
Pro Portion	**ca. 380 kcal, E 3 g, F 21 g, KH 45 g**

1	Apfel
150 g	gemischte frische Beeren oder TK-Waldfrüchte
1 EL	Zucker
100 g	Mehl
100 g	brauner Zucker
60 g	gemahlene Haselnüsse
100 g	weiche Butter

● Den Backofen auf 200° (Umluft 180°, Gas Stufe 4) vorheizen. Den Apfel schälen, vierteln und entkernen. Das Fruchtfleisch in Würfel schneiden. Die Beerenfrüchte verlesen. Apfelwürfel, Beeren und Zucker mischen.

● Mehl, Zucker, Haselnüsse und Butter zunächst mit den Knethaken des Handrührgerätes, dann mit den Händen zu Krümeln verkneten.

● Die Früchte-Zucker-Mischung in vier kleine runde ofenfeste Förmchen oder Tassen (etwa 9 cm ⌀) füllen und mit den Krümeln bestreuen. Die Beeren-Crumbles im Ofen in 20–30 Min. goldbraun backen.

Dazu leicht angetautes Vanilleeis oder Sahnejoghurt, mit Puderzucker und Limettensaft verrührt

Variante Die Beeren können auch mit etwas Alkohol aromatisiert werden. Gut passen Orangenlikör (Grand Marnier oder Cointreau) und Frucht- oder Kokoslikör (Batida de Coco). Dann lieber statt Haselnüssen Kokosraspel in die Streusel geben.

Tipp Ideal für viele Gäste: die doppelte oder dreifache Menge in eine große ofenfeste Form (eventuell ein Backblech) füllen und goldbraun backen.

Schokolade pur

Schokolade ist nicht einfach eine Süßigkeit, Schokolade ist
eine innere Haltung, eine Verführung, eine lebenslange Liebe.
Und wie immer im Leben gibt es viele Wege, die dorthin führen.
Hier sind die schönsten!

Mousse au chocolat

gut vorzubereiten | für Gäste

8	Portionen
	Zubereitungszeit 50 Min.
	Kühlzeit mindestens 4 Std.
Pro Portion	ca. 445 kcal, E 9 g, F 37 g, KH 19 g

4	ganz frische Bio-Eier
2 EL	Zucker
1 Päckchen	Vanillezucker
200 g	gute Bitterschokolade (70 % Kakaoanteil)
100 g	Vollmilchschokolade
100 g	Butter
3–4 EL	Weinbrand nach Belieben
200 g	Sahne
1 TL	Kakaopulver

• Die Eier trennen. Eigelbe mit Zucker und Vanillezucker mit den Quirlen des Handrührgerätes in etwa 10 Min. hell und cremig schlagen.

• Bitter- und Vollmilchschokolade in Stücke brechen und mit der Butter in einer Metallschüssel über dem heißen Wasserbad schmelzen. Diese Mischung und eventuell den Weinbrand nach und nach unter die Eigelbcreme rühren und etwas abkühlen lassen.

• Eiweiße und Sahne getrennt steif schlagen. Zunächst den Eischnee, dann die Sahne mit einem Schneebesen unter die Schokoladencreme heben. Es sollten keine weißen Flöckchen von Sahne oder Eischnee mehr zu sehen sein. Die Mousse in eine Schüssel füllen und sofort für mindestens 4 Std., besser über Nacht, kalt stellen.

• Mit einem in heißes Wasser getauchten Esslöffel Nocken von der Mousse abstechen und auf Portionstellern anrichten. Mit Kakao bestäuben und servieren.

Dazu Die Mousse ist schon so gehaltvoll, dass jedes »Dazu« schnell zu viel sein kann. Aber perfekt passt eiskalte halbsteife Schlagsahne dazu.

Tipp Da die Mousse mit rohem Eigelb zubereitet wird, nicht länger als einen Tag aufheben und immer gut kühlen.

Weiß-schwarze Schokoterrine

gut vorzubereiten | für Gäste

10	Portionen
	Zubereitungszeit 50 Min.
	Kühlzeit mindestens 2 Std.
Pro Portion	ca. 470 kcal, E 7 g, F 34 g, KH 34 g

200 g	Zartbitterschokolade
300 g	weiße Schokolade
3	ganz frische Bio-Eier
40 g	Zucker
550 g	Sahne
2 EL	Orangenlikör nach Belieben
6 Blatt	weiße Gelatine

• Zartbitter- und weiße Schokolade separat in Stücke brechen und jeweils in einer Metallschüssel über heißem Wasserbad schmelzen, dann beiseite stellen.

• Für die dunkle Mousse die Eier trennen. Die Eigelbe mit Zucker und 3 EL heißem Wasser mit den Quirlen des Handrührgerätes hell und cremig schlagen. Die Eiweiße und 250 g Sahne getrennt steif schlagen.

• Die flüssige dunkle Schokolade mit der Eigelbmasse verrühren. Zuerst vorsichtig die Sahne, dann den Eischnee und zum Schluss eventuell etwas Orangenlikör unterheben, dabei nicht zu viel rühren, sonst verliert die Creme ihre Luftigkeit.

• Für die weiße Mousse die Gelatine in reichlich kaltem Wasser einweichen. 75 g Sahne erwärmen und die ausgedrückte Gelatine darin unter Rühren auflösen. Anschließend sofort mit der abgekühlten weißen Schokolade verrühren. 225 g Sahne steif schlagen und unter die weiße Schokoladencreme heben.

• Weiße und dunkle Mousse im Wechsel in eine große Schüssel schichten und für mindestens 2 Std. kalt stellen.

Tipp Die Terrine immer gut kühlen und nicht länger als einen Tag aufheben.

Mokka-Crème-brûlée

für Gäste | braucht etwas Übung

6	**Portionen**
	Zubereitungszeit 20 Min.
	Garzeit 40–45 Min.
	Kühlzeit 12 Std.
Pro Portion	ca. 340 kcal, E 6 g, F 24 g, KH 23 g

50 g	Bitterschokolade (mindestens 70 % Kakaoanteil)
300 g	Sahne
200 ml	Milch
50 g	Zucker
4 TL	Instant-Kaffeepulver
20 ml	Mokkalikör
1	Ei
3	Eigelbe
6 EL	brauner Zucker zum Bestreuen

• Den Backofen auf 160° Grad (Umluft 140°, Gas Stufe 2) vorheizen. Die Schokolade zerteilen. Sahne, Milch, Zucker und die Schokoladenstückchen in einem Topf unter Rühren erwärmen, bis sich die Schokolade aufgelöst hat. Das Kaffeepulver und den Likör einrühren und die Mischung lauwarm abkühlen lassen.

• Ei und Eigelbe leicht verquirlen und unter die Sahne-Kaffee-Milch rühren. Die Mischung in sechs ofenfeste große Tassen füllen. Die Tassen in die Fettpfanne des Backofens stellen und so viel heißes Wasser hineingießen, dass sie 2–3 cm hoch im Wasser stehen.

• Die Crèmes im Ofen in 40–45 Min. stocken lassen. Aus dem Wasserbad nehmen und am besten über Nacht abkühlen lassen.

• Die Crèmes mit je 1 EL Zucker bestreuen und mit einem Bunsenbrenner oder unter dem vorgeheizten Grill karamellisieren. Sofort servieren.

Tipp Nach dem Karamellisieren des Zuckers das Dessert sofort servieren. Steht es danach noch längere Zeit, zieht der Zucker Feuchtigkeit und es bildet sich eine »Pfütze« auf der Creme.

Schoko-Tiramisu *mit Likör*

einfach | gut vorzubereiten

6	**Portionen**
	Zubereitungszeit 30 Min.
	Kühlzeit 2 Std.
Pro Portion	**ca. 465 kcal, E 11 g, F 33 g, KH 25 g**

2	fertige Wiener Tortenböden mit Schokolade (à 130 g)
150 ml	starker Espressokaffee
50 ml	Kaffeelikör
500 g	Mascarpone
100 ml	Eierlikör
30 g	Kakaopulver

• Den Biskuitboden in etwa 2 cm breite Streifen schneiden. Eine eckige Form (13 × 29 cm) am Boden mit der Hälfte der Biskuitstreifen auslegen.

• Den Espresso mit dem Kaffeelikör verrühren und die Hälfte auf die Biskuitstreifen in der Form träufeln.

• Mascarpone und Eierlikör mit den Quirlen des Handrührgerätes zu einer glatten Creme verrühren und die Hälfte auf die Biskuitstreifen in der Form streichen.

• Biskuitstreifen auf die Creme legen und die restliche Espresso-Likör-Mischung darüberträufeln. Die restliche Mascarponecreme auf den Biskuit streichen und die Form mit Frischhaltefolie gut abdecken. Für mindestens 2 Std. kalt stellen.

• Das Tiramisu kurz vorm Servieren dick mit Kakao bestäuben.

Variante Dieses Dessert hat es in sich. Wer auf ein paar Kalorien und Fett verzichten möchte, nimmt Mascarpone light. Oder mischt 250 g Mascarpone mit 250 g Magerquark.

Tipp Das Dessert kann auch gut schon einen Tag vorher zubereitet werden. Den Kakao dann aber erst kurz vor dem Servieren über das Tiramisu stäuben. Steht das Dessert länger, weicht der Kakao durch und sieht nicht so schön pudrig aus.

Schokoladenflammeri

einfach | gut vorzubereiten

6	**Portionen**
	Zubereitungszeit 30 Min.
Pro Portion	**ca. 365 kcal, E 5 g, F 24 g, KH 32 g**

100 g	gute Bitterschokolade (70 % Kakaoanteil)
400 ml	Milch
1 Päckchen	Schokoladen-Puddingpulver
30 g	Zucker
200 g	Sahne
2 EL	gehackte Mandeln nach Belieben
100 g	Sahne zum Anrichten
40 g	gute Bitterschokolade zum Verzieren

• 50 g Schokolade in Stückchen brechen. 4 EL Milch und das Puddingpulver verrühren. Die restliche Milch mit dem Zucker und den Schokoladenstückchen aufkochen lassen.

• Das Puddingpulver unter Rühren dazugießen, aufkochen und dann abkühlen lassen. Etwas Frischhaltefolie direkt auf den Flammeri legen, damit sich beim Abkühlen keine Haut bildet.

• Die restliche Schokolade hacken. 200 g Sahne steif schlagen. Den Flammeri mit dem Stabmixer kurz durcharbeiten, sodass eine glatte Creme entsteht. Schlagsahne, Schokolade und eventuell die Mandeln unterrühren.

• Etwas Flammeri in Gläser oder Schälchen füllen, etwas flüssige Sahne daraufgießen und wieder eine Schicht Flammeri daraufgeben, sodass am Glasrand helle und dunkle Schlieren entstehen. Die bittere Schokolade mit einem Messer in Streifen hacken und darüberstreuen. Den Flammeri gut gekühlt servieren.

Variante Der Flammeri kann auch genau »verkehrt herum« zubereitet werden. Wie beschrieben einen Pudding mit Vanille- oder Sahnegeschmack kochen und weiße Schokolade dafür nehmen. Sahne und Mandeln wie beschrieben unterheben. Statt flüssiger Sahne eventuell fertig gekaufte Schokoladensauce mit in die Gläser schichten und alles mit weißer oder dunkler Schokolade bestreuen.

Schokoeis *mit Karamell*

gut vorzubereiten

12	Portionen
	Zubereitungszeit 40 Min.
	Gefrierzeit im Tiefkühlgerät 12 Std.
Pro Portion	ca. 245 kcal, E 4 g, F 18 g, KH 16 g

¼ l	Milch
100 g	gute Bitterschokolade (70 % Kakaoanteil)
½ TL	Espressopulver
2	ganz frische Bio-Eigelbe
120 g	Zucker
350 g	Sahne
3 EL	Ahornsirup (oder Akazienhonig)
50 g	Walnusskerne

• Für das Eis die Milch erhitzen. Die Schokolade in Stückchen brechen und mit dem Espressopulver zur Milch geben. Schmelzen, gut verrühren und beiseitestellen.

• Die Eigelbe mit 80 g Zucker cremig rühren. Die Schokoladenmilch dazugießen und die Masse über einem heißen Wasserbad dickcremig aufschlagen.

• 200 g Sahne leicht schlagen und mit der Schokocreme vermischen. Die Creme in der Eismaschine unter Rühren fest werden lassen oder in eine gefriergeeignete Schüssel oder Form (1 l Inhalt) geben und 12 Std. gefrieren lassen.

• Für die Sauce 150 g Sahne mit dem Ahornsirup zum Kochen bringen. Die Walnüsse grob hacken und unterrühren. Die Sauce 5 Min. unter Rühren kochen lassen. Zum Abkühlen in den Kühlschrank stellen. Das Eis in Nocken abstechen und mit der Sauce anrichten.

Variante Für **Schoko-Walnuss-Eis** 3 EL Ahornsirup mit 1 EL Zucker unter Rühren erhitzen und 50 g gehackte Walnusskerne darin karamellisieren. Backpapier mit Öl bestreichen und die Nüsse darauf abkühlen lassen. In Stücke brechen und unter die Eismasse mischen. In einer Schüssel oder Form mindestens 12 Std. gefrieren lassen, dabei in den ersten Stunden ab und zu umrühren.

Schoko-Parfait und Crème brûlée

braucht Zeit | für Gäste

10	**Portionen**
	Zubereitungszeit 1 Std.
	Gefrierzeit im Tiefkühlgerät mindestens 4 Std.
	Garzeit 30–40 Min.
Pro Portion	ca. 375 kcal, E 6 g, F 29 g, KH 23 g

200 g	Zartbitter-Schokolade	100 g	weiße Schokolade
500 g	Sahne	⅛ l	Milch
½	Bio-Orange	2	Eier
1	Vanilleschote	2 EL	Vollrohrzucker
2 EL	Akazienhonig	1 EL	Kakaopulver zum Bestäuben
	Salz		

• Dunkle Schokolade in Stücke brechen und in einer Schüssel über einem heißen Wasserbad schmelzen. 250 g Sahne steif schlagen. Orange heiß abspülen, trocken tupfen, Schale abreiben. Vanilleschote längs aufschlitzen und das Mark herauskratzen. Orangenschale, 1 EL Honig, die Hälfte vom Vanillemark und 1 Prise Salz unter die Sahne rühren. Schokolade esslöffelweise unterrühren.

• Die Schokomasse auf ein mit Frischhaltefolie ausgelegtes Blech (20 × 20 cm) streichen und für mindestens 4 Std., besser über Nacht, gefrieren.

• Für die Crème brûlée weiße Schokolade in Stücke brechen und über heißem Wasserbad schmelzen. Backofen auf 150° (Umluft 130°, Gas Stufe 1) vorheizen. Die restliche Sahne mit Milch, Eiern, 1 EL Honig und restlichem Vanillemark im Mixer aufschlagen. Weiße Schokolade dazugeben und kurz mit aufschlagen.

• Die weiße Schokosahne in zehn ofenfeste flache Förmchen geben. In die Fettpfanne des Backofens stellen und so viel kochendes Wasser angießen, dass die Förmchen gut zur Hälfte im Wasser stehen. Die Crèmes im Ofen in 30–40 Min. stocken lassen. Herausnehmen und abkühlen lassen. Rohrzucker auf die Cremes streuen und mit einem Bunsenbrenner oder unter dem Grill karamellisieren.

• Zum Servieren das Parfait auf ein Brett stürzen, die Folie abziehen, das Parfait in Stücke brechen und mit Kakao bestäuben. Parfait-Stücke und Crème auf einem Dessertteller anrichten. Mit Kakao bestäuben.

Dazu Ananasspießchen, in Orangensaft und Honig karamellisiert

Erdbeeren *im Schokomantel*

einfach | schmeckt Kindern

10	**Portionen**
	Zubereitungszeit 1 Std.
Pro Portion	**ca. 250 kcal, E 4 g, F 20 g, KH 16 g**

500 g	Erdbeeren
etwa 200 g	Kokosflocken
200 g	weiße Kuvertüre

● Die Erdbeeren abspülen und trocken tupfen, die Kelchblätter nicht entfernen. Die Kokosflocken auf einen Teller streuen.

● Die Kuvertüre grob hacken und in eine kleine Schüssel geben. Die Kuvertüre über einem heißen Wasserbad langsam schmelzen lassen, dabei ab und zu umrühren.

● Die Erdbeeren am besten an den Kelchblättern auf Holzspießchen stecken. Die Früchte zu etwa zwei Dritteln in die flüssige Schokolade tauchen und anschließend in den Kokosflocken wälzen.

● Die Schokolade trocknen lassen (siehe Tipp) und die Beeren bis zum Servieren kalt stellen.

Dazu Espresso oder eisgekühlter Prosecco

Tipps Beim Schmelzen der Kuvertüre darf kein Wasser dazukommen, sonst schmilzt sie nicht und wird klumpig.

Liegen die Erdbeeren zum Trocknen auf einem Teller, haben sie auf einer Seite eine flache Stelle. Besser: die aufgespießten Früchte in eine Orange oder einen Kohlkopf stecken, bis die Schokolade trocken ist.

Varianten Die Früchte statt in Kokosflocken in gehackten Pistazien, Krokant oder gehackten Mandeln wälzen.

Oder Trockenfrüchte wie Aprikosen, Apfelringe, Datteln oder Pflaumen in Schokolade tauchen.

Klassiker

Warme Schokoladenküchlein

Lange wurde an dem Geheimnis des flüssigen Schoko-Kerns gerätselt. Hier ist es endlich gelüftet!

12	**Stück**		
	Zubereitungszeit 40 Min.		
	Kühlzeit mindestens 3 Std.		
	Gefrierzeit 12 Std.		
Pro Stück	**ca. 190 kcal, E 3 g, F 12 g, KH 18 g**		

4 EL	Sahne	90 g	Butter
30 g	gute Bitterschokolade	3	Eier
	(70 % Kakaoanteil)	30 g	Mehl
130 g	Zucker	1 TL	Weinbrand nach Belieben
1 ½ TL	Instant-Espressopulver	1 EL	Puderzucker zum Bestäuben
80 g	dunkle Edel-Kuvertüre	24	Muffins-Papierförmchen

• Die Sahne erwärmen und die Schokolade darin auflösen (Step 1). 1 ½ EL Zucker und das Espressopulver unterrühren. Die Masse im Kühlschrank in mindestens 3 Std. ganz kalt werden lassen.

• Die kalte Schokosahne mit den Quirlen des Handrührgerätes steif schlagen und mit zwei Teelöffeln 12 kleine Tupfen auf ein mit Backpapier ausgelegtes Tablett setzen (oder in einen Spritzbeutel mit Lochtülle geben und Tupfen spritzen; Step 2). Die Tupfen über Nacht gefrieren lassen.

• Den Backofen auf 180° (Umluft 160°, Gas Stufe 3) vorheizen. Die Kuvertüre grob hacken und in einer Metallschüssel über dem heißen Wasserbad schmelzen. Die Butter ebenfalls schmelzen.

• Eier und restlichen Zucker mit den Quirlen des Handrührgerätes schaumig schlagen. Das Mehl dazugeben und unterrühren. Dann die abgekühlte Butter, zum Schluss die Kuvertüre unterrühren. Eventuell den Weinbrand dazugeben.

• Je zwei Papiermanschetten ineinanderstecken und auf ein Backblech setzen. Etwas Teig einfüllen und je 1 gefrorenen Schokotupfen daraufsetzen (Step 3). Mit Schokomasse abdecken. Das Backblech in den Ofen schieben. Auf den Backofenboden 1 Tasse Wasser geben (Vorsicht, es spritzt!). Die Küchlein etwa 15 Min. backen. Die Küchlein mit Puderzucker bestäuben und lauwarm servieren.

Variante Einfacher wird es (und schneller geht es), wenn für die Füllung jeweils 1 Kirsch-Praline (z. B. Mon-Chéri) genommen wird.

1

2

3

Tipp

Ganz wichtig bei diesem Rezept: Der Backofen muss vorgeheizt sein und die Füllung muss gefroren in den Teig gesetzt werden, sonst bleibt der Kern nicht weich.

Italienischer Mandelkuchen

einfach | für Gäste

12	**Stücke**
	Zubereitungszeit 30 Min.
	Backzeit 35–45 Min
Pro Stück	**ca. 225 kcal, E 6 g, F 13 g, KH 22 g**

150 g	Zartbitter-Schokolade
4	Eier
150 g	Zucker
1	Päckchen Vanillezucker
1	Bio-Zitrone
150 g	geschälte gemahlene Mandeln
	Fett und Semmelbrösel für die Form
	Puderzucker zum Bestäuben

• Den Backofen auf 180° (Umluft 160°, Gas Stufe 3) vorheizen. Die Schokolade fein hacken. Die Eier trennen. Die Eiweiße mit 2 EL kaltem Wasser steif schlagen. Zucker und Vanillezucker unter ständigem Schlagen einrieseln lassen und weiterschlagen, bis sich der Zucker aufgelöst hat. Die Eigelbe unterrühren.

• Die Zitrone heiß abspülen, trocken tupfen und die Schale fein abreiben. Zitronenschale, Schokolade und Mandeln unter den Teig heben.

• Den Teig in eine Springform (24 cm ∅) fetten und mit Semmelbröseln ausstreuen. Den Teig einfüllen und im Ofen 35–45 Min. backen.

• Den Kuchen in der Form auskühlen lassen. Vorsichtig aus der Form lösen und mit Puderzucker bestäuben.

Dazu Espresso

Tipp Als Fingerfood und zum Naschen den Kuchen in etwa 1,5 cm große Würfel schneiden.

Variante Wer es noch schokoladiger mag, gibt statt Puderzucker einen Schokoladenguss über den Kuchen, entweder aus Kuvertüre oder fertigen Guss aus der Packung.

Bananen im Yufkateig
mit Pfeffer-Schoko-Sauce

schnell | raffiniert

6	**Portionen**
	Zubereitungszeit 45 Min.
Pro Portion	ca. 430 kcal, E 5 g, F 25 g, KH 47 g

6–8	Mini-Bananen
4–5 EL	gesalzene Butter
2 EL	brauner Rohrzucker
2 EL	Zitronensaft
etwa 150 g	Yufka-Blätter (türkischer Lebensmittelladen)
40 g	Schokoladentröpfchen (Fertigprodukt)
1 TL	schwarze oder bunte Pfefferkörner
100 g	Zartbitterschokolade
125 g	Crème double

• Die Bananen schälen. 2 EL Butter in einer Pfanne erhitzen, den Zucker einstreuen und karamellisieren lassen. Den Zitronensaft und die geschälten Bananen dazufügen und kurz darin schwenken. Aus der Pfanne nehmen und ganz abkühlen lassen.

• Den Backofen auf 200° (Umluft 180°, Gas Stufe 4) vorheizen. Die restliche Butter zerlassen. Aus den Yufka-Blättern 12–16 Dreiecke (20 cm Seitenlänge) schneiden und mit Butter bestreichen. Jeweils 2 Dreiecke übereinanderlegen. Die Bananen darauflegen und die Schokotröpfchen darüberstreuen. Den Teig von den Seiten zur Mitte hin einschlagen und aufrollen. Von außen mit der restlichen Butter bestreichen.

• Die Päckchen auf ein mit Backpapier ausgelegtes Backblech legen und im Ofen in 15–18 Min. goldbraun backen.

• Für die Schoko-Pfeffer-Sauce den Pfeffer grob zerstoßen. Die Schokolade fein hacken. Schokolade und Crème double über einem heißen Wasserbad schmelzen lassen. Den Pfeffer unterrühren.

• Die warme Schoko-Pfeffer-Sauce zu den gebackenen Bananen servieren.

Tipp Statt Mini-Bananen normal große Bananen halbieren und wie beschrieben in den Yufkateig wickeln und backen.

Schokoküsschen

einfach | fein

8	**Stück**
	Zubereitungszeit 1 Std.
Pro Stück	ca. 235 kcal, E 4 g, F 18 g, KH 14 g

125 g	Zartbitter-Schokolade
1 TL	Instant-Espressopulver
1	Ei
75 g	Butter
35 g	feiner Zucker
35 g	gemahlene Haselnüsse
1 TL	Rum nach Belieben
8	ganze geschälte Haselnusskerne
120 ml	Bourbon-Vanillesauce (Fertigprodukt)
	Fett für die Förmchen

• 50 g Schokolade in Stücke brechen und in einer Metallschüssel über einem heißen Wasserbad schmelzen lassen. Das Espressopulver unterrühren und die Mischung abkühlen lassen.

• Den Backofen auf 160° (Umluft 140°, Gas Stufe 2) vorheizen. Das Ei trennen. 35 g Butter und den Zucker mit den Quirlen des Handrührgeräts hell und cremig schlagen, dann das Eigelb unterrühren. Geschmolzene Schokolade, Haselnüsse und eventuell den Rum dazugeben und verrühren. Das Eiweiß steif schlagen und unter die Masse heben.

• Acht Mulden einer Mini-Muffinform (4,5 cm ⌀) sehr gut fetten und den Teig etwa zwei Drittel hoch in die Mulden füllen. Im Ofen 15–20 Min. backen. Aus dem Ofen nehmen und noch 10 Min. ruhen lassen, dann aus den Förmchen stürzen und ganz abkühlen lassen.

• Für den Schokoguss 75 g Schokolade und 40 g Butter über einem heißen Wasserbad schmelzen, dann etwas abkühlen lassen. Etwa zwei Drittel auf die Törtchen streichen. Jeweils 1 ganze Haselnuss in die Mitte der Schokoküsschen in den noch weichen Guss setzen.

• Je 1 EL Vanillesauce auf acht Dessertteller verteilen, restlichen flüssigen Schokoladenguss darum herum träufeln und mit einem Holzspießchen Muster ziehen (schnell arbeiten, da der Guss schnell fest wird; sonst erneut erwärmen). Die Schokoküsschen daraufsetzen und servieren.

Cremes, Mousses und Pudding

Manchmal braucht man Pause. Und etwas, das auf der Zunge zergeht, etwas, das man nicht kauen muss. Etwas, das sofort Glückseligkeit erzeugt. Okay, ein bisschen Vorbereitung ist nötig, aber nur ein bisschen, versprochen!

Panna cotta

einfach | gut vorzubereiten

5	**Portionen**
	Zubereitungszeit 30 Min.
	Kühlzeit 3 Std.
Pro Portion	**ca. 345 kcal, E 4 g, F 30 g, KH 13 g**

4 Blatt	weiße Gelatine
½	Bio-Zitrone
500 g	Sahne
½–1 Stange	Zimt (je nach Größe)
50 g	Zucker
1–2 EL	Weinbrand nach Belieben

• Die Gelatine in kaltem Wasser nach Packungsangabe etwa 10 Min. einweichen. Die Zitrone heiß abspülen, trocken tupfen und die Schale mit einem Sparschäler als lange Locke dünn abschälen.

• 300 g Sahne mit Zitronenschale und Zimtstange bei kleiner Hitze etwa 5 Min. kochen lassen. Die Gelatine ausdrücken und in der heißen Sahne auflösen. Den Zucker unterrühren. Die Sahnemischung durch ein feines Sieb gießen und abkühlen lassen.

• Sobald die gekochte Sahne zu gelieren beginnt, die restliche Sahne steif schlagen. Die Schlagsahne und eventuell den Weinbrand unterheben.

• Die Panna cotta in Förmchen oder Gläser füllen. Für mindestens 3 Std. kalt stellen, bis die Creme fest geworden ist.

Dazu eine der beiden Fruchtsaucen von Seite 81. Oder:

In Rotwein pochierte Feigen
2–3 frische Feigen mit einem Küchentuch abreiben und in Viertel schneiden. 125 ml Rotwein mit 1 EL Zucker aufkochen. Die Feigen darin bei kleiner Hitze 5 Min. ziehen lassen. Mit einer Schaumkelle herausnehmen und abkühlen lassen. Den Sud noch etwas einkochen und ebenfalls abkühlen lassen. Beides auf die Panna cotta geben.

Klassiker

Crème caramel

Dieses Dessert taucht sicher am häufigsten auf allen Dessertkarten Europas auf. Und das ist auch gut so.

6	**Portionen**
	Zubereitungszeit 40 Min.
	Backzeit 50 Min.
	Kühlzeit 12 Std.
Pro Portion	**ca. 400 kcal, E 11 g, F 21 g, KH 42 g**

240 g	Zucker
1	Vanilleschote
600 ml	Milch
150 g	Sahne
3	Eier
4	Eigelbe

• Für den Karamell 140 g Zucker und 50 ml Wasser in einer Pfanne kochen lassen, bis der Zucker goldbraun karamellisiert. Flüssigen Karamell sofort in sechs kleine ofenfeste Förmchen (100–120 ml Inhalt) geben und die Förmchen drehen, sodass der Karamell auch an den Förmchenwänden verteilt wird (Step 1).

• Den Backofen auf 150° (Umluft 130°, Gas Stufe 1) vorheizen. Für die Crème die Vanilleschote längs aufschneiden und das Mark herauskratzen. Vanillemark und -schote mit Milch und Sahne aufkochen. Die Crème vom Herd nehmen und 15 Min. ziehen lassen. Dann 4–5 EL Zucker dazugeben und rühren, bis er sich aufgelöst hat.

• Inzwischen Eier und Eigelbe verrühren. Die warme Vanillemilch unter Rühren dazugießen (Step 2). Die Mischung auf die Förmchen verteilen. Die Förmchen in die Fettpfanne des Backofens stellen. So viel heißes Wasser in die Fettpfanne gießen, dass die Förmchen 1–2 cm hoch darin stehen. Die Crème im Ofen etwa 50 Min. stocken lassen. Die Crème sollte sich dann elastisch anfühlen.

• Förmchen aus dem Wasserbad nehmen und die Crème abkühlen lassen. Dann am besten über Nacht in den Kühlschrank stellen, damit die feste Karamellkruste an Rand und Boden der Förmchen sich langsam wieder auflöst.

• Die Crème mit einem Messer rundherum vom Formenrand lösen (Step 3) und auf Portionsteller stürzen (Vorsicht, der Karamell ist flüssig!).

Bayerische Creme
mit Fruchtsaucen

für Gäste | gut vorzubereiten

8–10	Portionen
	Zubereitungszeit 40 Min. + Kühlzeit
Pro Portion	ca. 465 kcal, E 9 g, F 30 g, KH 38 g (10 Portionen)

1	Vanilleschote	500 g	Himbeeren (frisch oder TK)
450 ml	Milch	etwa 100 g	Puderzucker
125 g	Zucker	1–2 EL	Himbeergeist nach Belieben
7 Blatt	weiße Gelatine	1	große reife Mango (300 g)
6	Eigelbe	etwa 50 ml	Apfelsaft
600 g	Sahne		

● Für die Creme die Vanilleschote längs aufschneiden und das Mark herauskratzen. Die Milch mit Vanillemark, -schote und 2 EL Zucker langsam erhitzen. Die Gelatine in kaltem Wasser einweichen.

● Eigelbe und restlichen Zucker mit den Quirlen des Handrührgerätes hell und cremig schlagen. Die Vanilleschote entfernen und die heiße Vanillemilch langsam dazugießen. Die Mischung in den Topf gießen. Unter Rühren mit einem Schneebesen langsam erhitzen, bis die Creme dicklich wird, nicht kochen lassen.

● Den Topf vom Herd nehmen. Die Gelatine ausdrücken und in der heißen Creme auflösen. Die Creme abkühlen lassen, dabei gelegentlich umrühren, damit keine Haut entsteht.

● Die Sahne steif schlagen. Sobald die Creme anfängt fest zu werden, Sahne mit einem Schneebesen unterheben. Creme in eine Schüssel füllen und kalt stellen.

● Für die Himbeersauce die Himbeeren verlesen oder auftauen lassen und mit dem Stabmixer pürieren. Das Püree durch ein Sieb streichen und mit 75 g Puderzucker und eventuell Himbeergeist abschmecken.

● Für die Mangosauce die Mango schälen und das Fruchtfleisch in Stücken vom Stein schneiden. Mit dem Stabmixer pürieren. Wenn das Püree sehr dickflüssig ist, eventuell etwas Apfelsaft unterrühren. Die Sauce mit 1–2 EL Puderzucker abschmecken.

● Die Bayerische Creme mit der Himbeer- und der Mangosauce servieren.

Tipp Eine Fruchtsauce aus Fruchtmark heißt Coulis.

Joghurtflan *mit Limette*

für Gäste | gut vorzubereiten

6	**Portionen**
	Zubereitungszeit 30 Min.
	Garzeit 1 Std.
	Kühlzeit 12 Std.
Pro Portion	ca. 310 kcal, E 7 g, F 18 g, KH 30 g

250 g	Sahne
200 g	Vollmilchjoghurt
2	Eier
2	Eigelbe
160 g	Zucker
2 Päckchen	Vanillezucker
1	Bio-Limette
eventuell 6	Limettenblätter zum Garnieren

• Den Backofen auf 180° (Umluft 160°, Gas Stufe 3) vorheizen. Für den Joghurt-flan die Sahne aufkochen lassen und den Joghurt unterrühren (nicht mehr kochen lassen). Eier, Eigelbe, 60 g Zucker und Vanillezucker mit einem Schneebesen verrühren und unter die Joghurt-Sahne rühren.

• Für den Limetten-Karamell die Limette heiß abspülen, trocken reiben und in Scheiben schneiden. 100 g Zucker und 1 EL Wasser in einem Topf schmelzen und hell karamellisieren lassen. Die Limettenscheiben dazugeben und leicht karamellisieren.

• Die Limettenscheiben in sechs Timbaleförmchen oder ofenfeste Tassen mit geradem Rand legen. Den Limetten-Karamell darauf verteilen. Die Joghurt-Eier-Sahne aufgießen. Die Förmchen in die Fettpfanne des Backofens stellen und so viel kochendes Wasser hineingießen, dass die Förmchen zur Hälfte im Wasser stehen. Im Ofen etwa 1 Std. stocken lassen. Im Kühlschrank abkühlen lassen, am besten über Nacht.

• Zum Servieren den Flan mit einem spitzen Messer vom Förmchenrand lösen und auf Teller stürzen. Eventuell mit Limettenblättchen garnieren.

Varianten Statt Limettenscheiben Orangen- oder Zitronenscheiben in die Förmchen geben.

Tipp Das Wasserbad entfällt, wenn die Joghurtflans in einem Dampfgarer ge-macht werden.

Frischkäse mit Aprikosen

einfach | für Gäste

6	**Portionen**
	Zubereitungszeit 30 Min.
	Ruhezeit 12 Std.
Pro Portion	ca. 385 kcal, E 10 g, F 11 g, KH 16 g

1	Vanilleschote
200 g	Doppelrahmfrischkäse
200 g	Speisequark
250 g	Crème double
3	frische Bio-Eiweiße
400 g	frische Aprikosen
1 EL	Butter
3 EL	Zucker
3 EL	Apfelsaft
2 EL	Kirschwasser oder Apricot-Brandy nach Belieben

• Für den Frischkäse die Vanilleschote längs aufschneiden und das Mark mit einem spitzen Messer herauskratzen. Frischkäse mit Quark, Crème double und Vanillemark verrühren. Die Eiweiße steif schlagen und unter die Masse heben.

• Ein Sieb mit einem Mulltuch auslegen, die Masse einfüllen und die Oberfläche streichen. Über Nacht abtropfen lassen.

• Die Aprikosen abspülen, halbieren und entsteinen. Die Butter mit Zucker schmelzen und leicht bräunen (karamellisieren) lassen. Die Aprikosen dazugeben, im Karamell wenden und den Apfelsaft dazugeben. Zugedeckt 3 Min. dünsten. Eventuell das Kirschwasser dazugeben und alles abkühlen lassen.

• Den Frischkäse auf eine Platte stürzen und das Mulltuch abnehmen. Frischkäse mit den Früchten umlegen und die Sauce darüberträufeln.

Variante Die karamellisierten Aprikosen schmecken auch super zu Vanilleeis.

Tipp Mulltücher sind für die Küche ideal. Sie eignen sich, um Fruchtsaft abtropfen zu lassen oder wie hier, für den Frischkäse. Mulltücher (Babywindeln) bekommt man im Drogeriemarkt.

Espresso-Mousse

gut vorzubereiten | für Gäste

6	**Portionen**
	Zubereitungszeit 1 Std.
	Kühlzeit mindestens 8 Std.
Pro Portion	**ca. 320 kcal, E 5 g, F 19 g, KH 33 g**

125 ml	frisch gebrühter Espresso	250 g	Sahne
100 g	Zucker	300 g	TK-Waldbeeren
4	Eigelbe	40 g	Puderzucker
2 EL	Espressopulver	2	Sternanis
3 EL	Kaffeelikör (z. B. Kahlua)		Zitronensaft

• Den Espresso mit dem Zucker unter Rühren bei kleiner Hitze etwa 3 Min. kochen. Etwas abkühlen lassen.

• Die Eigelbe mit den Quirlen des Handrührgerätes cremig schlagen, dabei nach und nach den abgekühlten Kaffeesirup unterrühren. Die Schüssel auf ein kaltes Wasserbad stellen und rühren, bis die Espresso-Creme abgekühlt ist.

• Das Espressopulver und eventuell den Likör unterrühren. Die Sahne steif schlagen und unterheben. Die Mousse auf sechs Gläser (125 ml Inhalt) verteilen und mindestens 8 Std., oder über Nacht, gefrieren lassen.

• Für die Fruchtsauce die Beeren mit gesiebtem Puderzucker und Sternanis aufkochen und bei kleiner Hitze etwa 5 Min. kochen lassen. 15 Min. auf dem ausgeschalteten Herd ziehen lassen. Sternanis herausnehmen. Die Früchte mit dem Stabmixer pürieren, durch ein Sieb streichen und mit Zitronensaft abschmecken.

• Die Mousse vorm Servieren etwas antauen lassen. Die Fruchtsauce eventuell erwärmen und warm oder kalt zur Mousse servieren.

Varianten Die Mousse schmeckt auch toll mit Schokoladensauce.

Auch ungefroren ist sie ein Genuss. Die Mousse muss aber gut gekühlt sein, um fest zu werden. Oder man gibt noch 4 Blatt eingeweichte, abgetropfte Gelatine unter den heißen Espressosirup (nicht mehr kochen lassen). Erst wenn die Eigelb-Kaffee-Creme anfängt zu gelieren, kommt die Sahne drunter.

Grießflammeri *mit Krokant*

gut vorzubereiten | preiswert

8	**Portionen**
	Zubereitungszeit 25 Min.
	Kühlzeit 12 Std.
Pro Portion	ca. 385 kcal, E 12 g, F 16 g, KH 39 g

50 g	gehackte Mandeln	4	Eier
1 l	Milch	50 g	Sahne
110 g	Zucker	3 EL	Mandelblättchen
1 Päckchen	Vanillezucker		Öl für die Folie
	Salz		Amaretto (Mandellikör) oder
120 g	Grieß		Ahornsirup zum Beträufeln

- Die Mandeln in einer Pfanne ohne Fett goldbraun rösten. Aus der Pfanne nehmen und abkühlen lassen.

- Die Milch mit 90 g Zucker, Vanillezucker und 1 Prise Salz aufkochen. Den Grieß unter Rühren einstreuen und bei kleiner Hitze kochen, bis der Grieß gar und der Flammeri dicklich ist. Das dauert etwa 5 Min.

- Die Eier trennen. Eigelbe und Sahne verquirlen und unter Rühren unter den heißen Grieß mischen. Eiweiße zu steifem Schnee schlagen und mit den Mandeln mit einem Schneebesen unter den Flammeri heben. Diesen in eine mit kaltem Wasser ausgespülte runde Form oder Schüssel füllen und am besten über Nacht kalt stellen.

- Die Mandelblättchen mit restlichem Zucker in einer Pfanne goldbraun karamellisieren lassen. Auf ein mit Öl bestrichenes Stück Alufolie geben und möglichst dünn verstreichen. Abkühlen lassen und den Krokant in Stücke brechen.

- Den Grießflammeri auf eine Platte stürzen und mit Amaretto oder Ahornsirup beträufeln. Krokant drumherum streuen und servieren.

Tipps Der Krokant wird schnell weich, deshalb in einer Blechdose aufheben oder ganz frisch (so schmeckt er am besten) zubereiten.

Der Grießflammeri muss nicht unbedingt gestürzt werden. Dann muss er nur etwa 2 Std. abkühlen. Er schmeckt auch warm ganz wunderbar!

Mohnmousse
mit Rumpflaumen

gut vorzubereiten | für Gäste

8	**Portionen**		
	Zubereitungszeit 45 Min.		
	Kühlzeit 2 Std.		
Pro Portion	ca. 315 kcal, E 5 g, F 20 g, KH 26 g		

3 Blatt	weiße Gelatine	300 g	abgetropfte Pflaumen (aus dem Glas)
50 g	Mohnsamen		
250 g	Sahne	5 EL	Rum (oder Pflaumensaft aus dem Glas)
150 g	weiße Kuvertüre		
1	Ei	5 EL	Orangensaft
40 g	Zucker	1 TL	Speisestärke

• Die Gelatine nach Packungsangabe in kaltem Wasser 10 Min. einweichen. Den Mohn im Blitzhacker mahlen. Die Sahne steif schlagen und kalt stellen. Die Kuvertüre grob hacken und im heißen Wasserbad schmelzen.

• Das Ei trennen. Das Eiweiß steif schlagen. Eigelb und 30 g Zucker hell-cremig schlagen. Gelatine ausdrücken und in einer kleinen Schüssel im warmem Wasserbad auflösen.

• Kuvertüre und Eicreme verrühren. Mit einem Schneebesen erst die Sahne, dann den Mohn, zum Schluss den Eischnee unterheben. Die aufgelöste Gelatine mit 2 EL Mohncreme verrühren, diese Mischung unter die restliche Mohncreme heben. In eine Form (18 × 24 cm) füllen und 2 Std. kalt stellen.

• Inzwischen Pflaumen mit Rum, Orangensaft und 2 TL Zucker vermengen. 1 Std. ziehen lassen. Pflaumen durch ein Sieb gießen, den Sud auffangen.

• 2 EL Wasser mit 1 gehäuften TL Speisestärke verrühren. Pflaumensud unter Rühren aufkochen. Die angerührte Stärke unterrühren und den Sud nochmals aufkochen lassen. Pflaumen in den Sud geben und kalt stellen.

• Die Mousse zu Nocken abstechen und mit den Rumpflaumen servieren.

Tipp Mohnmousse und Rumpflaumen abwechselnd in Gläser schichten. Das sieht schön aus und macht vor dem Servieren keine Arbeit mehr (das Abstechen der Nocken entfällt dann).

Pfirsich-Mousse

für Gäste | gut vorzubereiten

6	**Portionen**
	Zubereitungszeit 20 Min. + Abkühlzeit
Pro Portion	ca. 345 kcal, E 4 g, F 30 g, KH 13 g

8 Blatt	weiße Gelatine
2–3	Pfirsiche oder 380 g Pfirsichpüree (Babynahrung)
2	frische Bio-Eier
2 EL	Limoncello (ital. Zitronenlikör, ersatzweise Zitronensaft)
250 g	Sahnequark
175 g	Puderzucker
250 g	Sahne
500 g	Himbeeren (frisch oder TK)
2 EL	Zitronensaft

• Die Gelatine in kaltem Wasser einweichen. Pfirsiche überbrühen, häuten und die Steine entfernen. Pfirsiche mit dem Stabmixer pürieren und 380 g Püree davon abwiegen.

• Die Eier trennen. Die Eigelbe mit 2 EL heißem Wasser schaumig schlagen, mit Pfirsichpüree, Limoncello und Quark verrühren.

• Die tropfnasse Gelatine bei kleiner Hitze oder über dem heißen Wasserbad auflösen, mit 2–3 EL Creme verrühren und unter die restliche Creme ziehen. Wenn die Creme zu gelieren beginnt (ein Schnitt mit dem Messer muss sichtbar bleiben), die Eiweiße mit 125 g Puderzucker steif schlagen. Die Sahne steif schlagen und beides vorsichtig unter die Pfirsichcreme rühren.

• 300 g Himbeeren mit dem restlichen Puderzucker und Zitronensaft mit dem Stabmixer pürieren. Erst die Himbeersauce, dann die Creme in Gläser füllen. Die restlichen Himbeeren auf die Mousse geben.

Tipps Das Pfirsichpüree lässt sich auch schnell aus abgetropften Dosenpfirsichen herstellen.

Noch feiner und ohne kleine Kerne wird das Himbeerpüree, wenn es durch ein Sieb gestrichen wird.

Variante Genau so gut schmeckt das Dessert auch mit anderen Früchten, z. B. einer Kombination von Aprikosen und Erdbeeren oder Mango und Heidelbeeren.

Ingwer-Panna-cotta mit Minze

einfach | für Gäste

8 Portionen
Zubereitungszeit 40 Min.
Kühlzeit mindestens Std.
Pro Portion ca. 300 kcal, E 5 g, F 24 g, KH 16 g

50–75 g	frischer Ingwer
75 g	Palmzucker (Asia-Laden; oder brauner Rohrzucker)
400 ml	Kokosmilch
250 g	Sahne
7 Blatt	weiße Gelatine
50 g	Mandelblättchen
½ Bund	Minze
3 EL	Limettensirup (Lime Juice)
etwa 2 EL	Rapsöl
	Salz

• Den Ingwer schälen, in Scheiben schneiden und grob zerdrücken. Palmzucker grob hacken. Kokosmilch, Sahne, Ingwer und Palmzucker aufkochen. Etwa 15 Min. bei kleiner Hitze kochen lassen. Gelatineblätter 10 Min. einweichen.

• Die Sahne durch ein Sieb gießen und etwa 5 Min. abkühlen lassen. Gelatine gut ausdrücken und unter Rühren in der heißen Sahne auflösen.

• Eine Kasten- oder Terrinenform (750 ml Inhalt) mit kaltem Wasser ausspülen und mit Frischhaltefolie auslegen. Die Ingwer-Sahne einfüllen. Zugedeckt für mindestens 4 Std., besser über Nacht, kalt stellen.

• Für das Minze-Pesto die Mandeln in einer Pfanne ohne Fett goldbraun anrösten, herausnehmen und abkühlen lassen. Die Minze abspülen, trocken schütteln und die Blätter abzupfen. Je 1 EL Mandeln und Minze beiseitestellen. Restliche Mandeln, Minze und Limettensirup mit dem Stabmixer fein pürieren. Das Öl nach und nach untermischen.

• Zum Servieren die restlichen Mandeln und Minzeblätter grob hacken und mit 1 Prise Salz verrühren. Die Panna cotta vorsichtig stürzen und die Folie abziehen. Panna cotta in Scheiben schneiden und mit dem süßen Pesto servieren. Die Mischung aus gehackten Mandeln, Minze und Salz darüberstreuen.

Tipp Kokosmilch kann auch selbst hergestellt werden: Je 250 g Sahne und Milch mit 75 g Kokosflocken aufkochen und durchsieben.

Crème-fraîche-Mousse mit Maracuja

einfach | schnell

4	**Portionen**
	Zubereitungszeit 30 Min.
	Kühlzeit 2–3 Std.
Pro Portion	ca. 425 kcal, E 4 g, F 26 g, KH 44 g

1	Bio-Zitrone
2	ganz frische Bio-Eigelbe
120 g	Zucker
150 g	Sahne
1 Päckchen	Sahnefestiger
150 g	Crème fraîche
4–6	frische Maracujas
200 ml	Maracujanektar

• Die Zitrone heiß abspülen, trocken tupfen und die Schale fein abreiben. Den Saft auspressen und für den Karamell beiseitestellen. Eigelbe und 60 g Zucker mit den Quirlen des Handrührgeräts in 3–5 Min. dickcremig aufschlagen.

• Die Sahne steif schlagen und dabei den Sahnefestiger langsam einrieseln lassen. Crème fraîche, Zitronenschale und Schlagsahne mit einem Schneebesen unter die Eigelbcreme heben.

• Die Mousse in Portionsschalen oder in eine große Schüssel füllen und für 2–3 Std. kalt stellen.

• Für die Sauce die Maracujas halbieren und die Kerne mit einem Teelöffel herauslösen. Den restlichen Zucker in einer Pfanne bei mittlerer Hitze goldbraun karamellisieren lassen.

• Zitronensaft, Maracujakerne und -nektar in die Pfanne geben (Vorsicht, es dampft und spritzt). Alles aufkochen und bei kleiner Hitze gerade eben kochen lassen, bis sich der Zucker aufgelöst hat, dabei gelegentlich umrühren. Die Sauce abkühlen lassen und zum Servieren auf die Mousse träufeln.

Tipps Für die Mousse nur ganz frische Eier nehmen, die Creme immer gut kühlen und die Mousse am gleichen Tag servieren.

Wen die Maracujakerne stören, streicht die Sauce durch ein Sieb.

Grießpudding
mit Likörfrüchten

einfach | preiswert

6	**Portionen**
	Zubereitungszeit 50 Min.
Pro Portion	**ca. 430 kcal, E 11 g, F 13 g, KH 63 g**

1 Dose	Aprikosenhälften (825 g)
1–2 EL	Butter
50–75 ml	Aprikosenlikör (siehe Variante)
½	Bio-Zitrone
3	ganz frische Eiweiße
	Salz
100 g	Sahne
1 l	Milch
75 g	Zucker
120 g	Weichweizengrieß

Tipp

Der Eischnee sollte ganz untergerührt werden, so dass keine Eischneeflöckchen mehr im Grieß sind.

• Die Aprikosen abtropfen lassen, dabei den Sirup auffangen. Den Sirup bei kleiner bis mittlerer Hitze in etwa 15 Min. goldbraun einkochen lassen.

• Die Butter in einer Pfanne erhitzen. Die Aprikosen darin bei starker Hitze anbraten. Herausnehmen, zum Sirup geben und den Likör unterrühren. Etwa 30 Min. abkühlen und durchziehen lassen.

• Für den Grießpudding die Zitrone heiß abspülen, trocken tupfen und die Schale mit einem Sparschäler als lange Spirale abschälen. Die Eiweiße mit 1 Prise Salz steif schlagen. Die Sahne steif schlagen und beides kalt stellen.

• Die Milch mit Zucker, Zitronenschale und 1 Prise Salz aufkochen. Den Grieß unter Rühren einstreuen und bei kleiner Hitze kochen, bis er gar ist und ein dicker Brei entstanden ist.

• Zuerst den Eischnee, dann die Sahne mit einem Schneebesen locker unterheben und die Zitronenschale aus dem Brei entfernen. Den warmen Grießpudding und die Likör-Aprikosen in Schälchen anrichten und servieren.

Variante Wer auf Alkohol verzichten möchte, kann statt Likör einfach Aprikosennektar mit etwas Zitronen- oder Orangensaft nehmen.

Joghurt mit braunem Zucker

Blitzrezept | einfach

6	Portionen
	Zubereitungszeit 20 Min.
	Kühlzeit 2–3 Std.
Pro Portion	ca. 250 kcal, E 5 g, F 17 g, KH 20 g

1	kleine Bio-Orange
1 kg	griechischer Joghurt oder Sahnejoghurt (10 % Fett)
75 g	brauner Rohrzucker

• Die Orange heiß abspülen, trocken tupfen und die Schale fein abreiben. Den Saft auspressen. Den Saft und die Schale mit dem Joghurt verrühren und etwa 5 Min. mit den Quirlen des Handrührgerätes aufschlagen.

• Etwas Zucker auf den Boden von sechs Gläsern streuen. Eine Schicht Joghurt daraufgeben. So weiterschichten, bis Joghurt und Zucker aufgebraucht sind, dabei sollte die oberste Schicht Zucker sein. 2–3 Std. kalt stellen, bis sich der Zucker aufgelöst hat.

Varianten Statt Orangensaft Orangenlikör unter den Joghurt rühren.

Ein besonderes Aroma bekommt das Dessert, wenn 200 g Joghurt durch Ziegenfrischkäse ersetzt wird und mit dem Zucker 2–3 EL gehackte Mandeln oder Haselnusskrokant eingeschichtet werden.

Tipp Für viele Gäste das Dessert in einer großen hohen Glasschüssel anrichten und mit dem Zucker schichten.

Zitronencreme

braucht etwas Übung | gut vorzubereiten

6	**Portionen**
	Zubereitungszeit 40 Min.
	Kühlzeit mindestens 3 Std.
Pro Portion	ca. 305 kcal, E 8 g, F 17 g, KH 28 g

3	Bio-Zitronen
6 Blatt	weiße Gelatine
4	ganz frische Bio-Eier
110 g	Zucker
¼ l	heller Trauben- oder Apfelsaft
	Salz
250 g	Sahne

• 2 Zitronen heiß abspülen und trocken tupfen. Von 1 Zitrone die Schale fein abreiben. Diese 2 Zitronen auspressen.

• Die Gelatine nach Packungsangabe in kaltem Wasser einweichen. Die Eier trennen. Eigelbe, Zucker und Zitronenschale mit den Quirlen des Handrührgerätes dickcremig aufschlagen.

• Die Gelatine ausdrücken und in einem Topf bei kleiner Hitze langsam auflösen. 5–6 EL Fruchtsaft zur Gelatine geben und gut verrühren. Restlichen Fruchtsaft und den Zitronensaft unter die Eicreme mischen. Die Gelatinemischung ebenfalls unterrühren und die Creme kalt stellen.

• Die Eiweiße mit 1 Prise Salz steif schlagen. 125 g Sahne steif schlagen. Sobald die Creme zu gelieren beginnt, Eischnee und Sahne unterheben. Die Creme in Portionsgläser oder eine große Schüssel füllen und für mindestens 3 Std. kalt stellen.

• Die letzte Zitrone heiß abspülen, trocken tupfen und in Scheiben oder kleine Spalten schneiden. 125 g Sahne steif schlagen und in einen Spritzbeutel mit Sterntülle geben. Creme mit Sahnetupfen und Zitronenstückchen verzieren.

Varianten Nach dem gleichen Rezept wird Orangen- oder Mandarinencreme gemacht. Auch hier Bio-Früchte nehmen, weil die Schale auch verwendet wird.

Wenn keine Kinder mitessen, kann ein Teil des Traubensaftes durch Zitronen- oder Orangenlikör ersetzt werden.

Mit Früchten

Früchte sind die älteste Süßigkeit der Welt, schon Herr und Frau Neandertaler verzehrten sich nach Beeren. Und wir tun es auch, denn die Aromen von frischem Obst sind unvergleichlich. Überflüssig zu erwähnen, dass diese Desserts sogar gesund sind ...

Schaumomelettes mit Pflaumen

raffiniert | für Gäste

4	**Portionen**
	Zubereitungszeit 1 Std. 10 Min.
Pro Portion	**ca. 575 kcal, E 8 g, F 24 g, KH 58 g**

2	Eier	1	Bio-Zitrone
50 g	Zucker	30 g	frischer Ingwer
2	Eigelbe	350 ml	Pflaumenwein (Asia-Laden;
25 g	Mehl		oder Apfelsaft)
25 g	Speisestärke	200 g	Crème fraîche
350 g	Pflaumen	1 Päckchen	Bourbon-Vanillezucker
1 EL	Butter		Zucker zum Stürzen
2 EL	brauner Rohrzucker		Puderzucker zum Bestäuben

• Den Backofen auf 200° (Umluft°, Gas Stufe 4) vorheizen. Die Eier trennen. Die Eiweiße steif schlagen. Den Zucker einrieseln lassen und weiterschlagen, bis er sich aufgelöst hat. Alle 4 Eigelbe kurz unterrühren. Mehl und Stärke mischen, darübersieben und unterheben.

• Zwei Backbleche mit Backpapier auslegen und je vier Kreise (8 cm ⌀) darauf zeichnen. Die Biskuitmasse in den Kreisen verstreichen und nacheinander im Ofen 5–7 Min. backen. Geschirrtücher mit Zucker bestreuen und die Omelettes daraufstürzen. Sofort das Backpapier abziehen und die Biskuits auf einem Kuchengitter abkühlen lassen.

• Die Pflaumen putzen, abspülen, halbieren und entsteinen. Die Hälften in Spalten schneiden. Die Butter in einer Pfanne schmelzen, die Pflaumen hinzufügen, mit Zucker bestreuen und goldbraun karamellisieren.

• Die Zitrone heiß abspülen, trocken tupfen und die Schale mit einem Sparschäler in einem langen Streifen abschälen. Den Saft auspressen. Ingwer schälen, halbieren und mit einem großen breiten Messer grob zerdrücken.

• Drei Viertel der Pflaumen aus der Pfanne nehmen. Pflaumenwein, Ingwer und Zitronenschale in die Pfanne geben, 5 Min. köcheln lassen. Zitronenschale und Ingwer herausnehmen. Früchte und Sud aus der Pfanne mit dem Stabmixer fein pürieren, eventuell mit Zitronensaft und Zucker abschmecken. Abkühlen lassen.

• Crème fraîche und Vanillezucker verrühren. 4 Biskuittaler mit Pflaumen und Sauce füllen. Jedes mit 1 Taler abdecken und mit Puderzucker bestäuben.

Bunter Obstquark

schnell | schmeckt Kindern

6	**Portionen**
	Zubereitungszeit 30 Min.
Pro Portion	**ca. 255 kcal, E 11 g, F 12 g, KH 231 g**

1	Bio-Limette
500 g	Quark (20 % Fett)
2 Päckchen	Bourbon-Vanillezucker
150 g	Sahne
500 g	kleinere Erdbeeren
je 125 g	Rote Johannisbeeren, Heidelbeeren, Brombeeren und Himbeeren
1–2	Nektarinen
1–2 EL	Honig nach Belieben

• Für den Quark die Limette heiß abspülen, trocken tupfen und die Schale fein abreiben. Den Saft auspressen. Quark, Vanillezucker, Limettenschale und 2 EL Saft verrühren. Die Sahne steif schlagen und unter den Quark heben.

• Für den Obstsalat alle Beeren abspülen und putzen. Himbeeren verlesen. Nektarinen abspülen, halbieren, entsteinen und in Spalten schneiden. Das Obst mischen und eventuell mit Honig abschmecken.

• Quark und zwei Drittel vom Obstsalat vorsichtig mischen und in eine Schüssel füllen. Kurz vor dem Servieren den restlichen Obstsalat daraufgeben.

Varianten Die Früchte eventuell mit Ahornsirup süßen und zusätzlich mit 1–2 EL Amaretto-Likör aromatisieren.

Die Hälfte Quark durch Vanillejoghurt oder Vanillequark ersetzen. Mit Joghurt wird die Creme etwas flüssiger.

Granatapfeltarte

für Gäste | einfach

16	**Stücke**
	Zubereitungszeit 45 Min. + Abkühlzeit
	Backzeit 30–35 Min.
Pro Stück	**ca. 175 kcal, E 3 g, F 9 g, KH 21 g**

100 g	weiche Butter
200 g	Mehl
120 g	Zucker
1 Päckchen	Vanillepuddingpulver
½ l	Milch
60 g	Mandelmus (Reformhaus)
250 g	ausgelöste Granatapfelkerne
1 Päckchen	heller Tortenguss
100 g	Granatapfelsirup (Asia-Laden)
	Mehl zum Ausrollen
	Fett für die Form

● Den Backofen auf 180° (Umluft 160°, Gas Stufe 3) vorheizen. Eine Tarteform (28 cm ⌀) fetten. Butter, Mehl, 2 EL Zucker und 3 EL Wasser zunächst mit den Knethaken des Handrührgerätes, dann mit den Händen schnell zu einem glatten Mürbeteig verkneten.

● Den Teig auf einer mit Mehl bestreuten Arbeitsfläche etwas größer als die Form ausrollen und die Form damit auslegen. Dabei einen 1–2 cm hohen Rand formen. Den Teigboden mehrfach mit einer Gabel einstechen und im Ofen (2. Schiene von unten) in 30–35 Min. goldbraun backen. Herausnehmen und den Teig abkühlen lassen.

● Für den Belag aus dem Puddingpulver nach Packungsangabe mit Milch und 40 g Zucker einen Pudding zubereiten. Das Mandelmus in den Pudding rühren. Den Pudding 5 Min. abkühlen lassen, dann gleichmäßig auf dem Tarteboden verstreichen. Ganz abkühlen lassen.

● Die Granatapfelkerne auf die Tarte streuen. Den Tortenguss nach Packungsangabe mit dem Sirup, 40 g Zucker und 150 ml Wasser zubereiten. Den Guss unter Rühren etwas abkühlen lassen und dann gleichmäßig auf den Granatapfelkernen verteilen. Fest werden lassen und die Tarte frisch servieren.

Dazu Schlagsahne oder Walnusseis

Beerengrütze

einfach | sommerlich

6	**Portionen**
	Zubereitungszeit 30 Min. + Abkühlzeit
Pro Portion	ca. 245 kcal, E 2 g, F 1 g, KH 54 g

je 250 g	Himbeeren, Kirschen (süß oder sauer), Schwarze Johannisbeeren und Erdbeeren
½	Zitrone
1	Vanilleschote
½ l	roter Fruchtsaft (Kirsche oder Johannisbeere)
35 g	Speisestärke
etwa 100 g	Zucker
	Minzeblätter zum Garnieren

● Alle Früchte, außer den Himbeeren, abspülen. Die Himbeeren verlesen. Die Kirschen entsteinen, Johannisbeeren und Erdbeeren putzen. Große Erdbeeren eventuell halbieren oder vierteln.

● Den Zitronensaft auspressen. Die Vanilleschote längs aufschneiden und das Mark mit einem Messer herauskratzen. Fruchtsaft, Zitronensaft, Vanillemark und -schote aufkochen. Die Stärke mit 4–5 EL Wasser glatt rühren, in den kochenden Fruchtsaft rühren und nochmals aufkochen lassen.

● Den Topf vom Herd nehmen und die vorbereiteten Früchte und den Zucker einrühren. Abkühlen lassen, nochmals mit Zucker abschmecken und die Vanille-schote entfernen.

● Die Beerengrütze in Schälchen oder Gläser füllen und eventuell mit Minze-blättchen garnieren.

Dazu flüssige Sahne, Schlagsahne, Vanilleeis oder Vanillesauce

Variante Beerengrütze kann auch mit gelben (Eierpflaumen, Aprikosen, Pfirsichen, Mangos, Äpfeln) oder grünen Früchten (Kiwis, Stachelbeeren, Rhabarber, Weintrauben) zubereitet werden. Dafür dann Apfelsaft oder hellen Traubensaft nehmen.

Tipp Wenn es keine frischen Beeren oder Früchte gibt, eine Tiefkühl-Beeren-mischung nach dem Rezept zu Grütze kochen.

einfach | gut vorzubereiten

4	**Gläser**
	Zubereitungszeit 30 Min.
	Gefrierzeit 2–3 Std.
Pro Portion	**ca. 180 kcal, E 7 g, F 6 g, KH 24 g**

500 g	Pfirsiche
100 g	Himbeeren
2–3 EL	Pfirsichsirup (oder Zuckersirup)
500 g	Vollmilchjoghurt
130 ml	Milch

Pfirsich-Himbeer-Smoothie

• Die Pfirsiche kurz in kochendes Wasser tauchen, in Eiswasser legen, herausnehmen und die Haut abziehen. Pfirsiche halbieren, entsteinen und das Fruchtfleisch würfeln. Himbeeren verlesen. Die Früchte getrennt für 2–3 Std. einfrieren.

• Die gefrorenen Pfirsichwürfel 5–10 Min. antauen lassen. Pfirsichwürfel, Sirup, 375 g Joghurt und 100 ml Milch mit dem Stabmixer fein pürieren und in Gläser füllen.

• Die gefrorenen Himbeeren mit dem restlichen Joghurt und 3 EL Milch ebenfalls pürieren. Auf das Pfirsichpüree geben und sofort servieren.

einfach | für Gäste

4	**Gläser**
	Zubereitungszeit 30 Min.
	Kühlzeit mindestens 1 Std.
Pro Portion	**ca. 175 kcal, E 1 g, F 0 g, KH 37 g**

500 g	Pfirsiche
100 g	Himbeeren
50 g	Zucker
1–2 EL	Pfirsichlikör (oder Orangensaft)
4 Kugeln	Zitronensorbet
¼ l	Mineralwasser mit Kohlensäure

Pfirsich-Melba-Drink

• Die Pfirsiche kurz in kochendes Wasser tauchen, in Eiswasser legen, herausnehmen und die Haut abziehen. Pfirsiche halbieren, entsteinen und das Fruchtfleisch würfeln. Die Himbeeren verlesen.

• Pfirsichwürfel, 150 ml Wasser und den Zucker bei kleiner Hitze etwa 4 Min. kochen lassen. Sobald die Pfirsichwürfel anfangen sich aufzulösen, den Topf vom Herd nehmen. Das Pfirsichkompott abkühlen lassen, dann die Himbeeren unterrühren. Mit Pfirsichlikör abschmecken und für mindestens 1 Std. in den Kühlschrank stellen.

• Etwa drei Viertel vom Pfirsichkompott auf vier Gläser verteilen. Je 1 Kugel Sorbet darauf anrichten und das restliche Kompott darübergeben. Mit Mineralwasser aufgießen. Mit langen Eislöffeln servieren.

Brombeerkompott *mit Eis*

raffiniert | schnell

6	**Portionen**
	Zubereitungszeit 35 Min.
Pro Portion	ca. 325 kcal, E 3 g, F 12 g, KH 37 g

375 g	Brombeeren
1 Stück	Ingwer (10 g)
3	grüne Kardamomkapseln
etwa 120 g	Zucker
½ l	Rotwein oder roter Traubensaft (dann weniger Zucker nehmen)
1	kleine Zimtstange
2 EL	Weinbrand nach Belieben
300 ml	Walnuss-Eiscreme
200 g	Sahne
2 EL	Mokkalikör nach Belieben

• Für das Kompott die Brombeeren abspülen und putzen. Den Ingwer schälen und in Scheiben schneiden. Die Kardamomkapseln zerdrücken. Den Zucker in einer Pfanne goldbraun karamellisieren lassen, dann den Wein dazugießen (Vorsicht, es dampft und spritzt). Ingwer, Zimt und Kardamom dazugeben und alles offen in etwa 10 Min. auf 200 ml einkochen lassen, bis ein etwas dickflüssiger Sud entstanden ist.

• Den Sud durch ein Sieb gießen und eventuell mit Weinbrand und Zucker abschmecken. Nochmals erhitzen und die Brombeeren darin schwenken.

• Das Eis mit einem Eiskugelformer formen und auf Teller geben. Die Sahne steif schlagen. Brombeerkompott und Sahne zum Eis auf die Teller geben und die Sahne eventuell mit etwas Likör beträufeln. Sofort servieren.

Varianten Statt Walnusseis schmeckt auch Pistazien- oder Waldfruchteis dazu.

Wer keinen Likör verwenden möchte, kann die Sahne mit etwas löslichem Kaffeepulver aromatisieren und als Mokkasahne zum Eis servieren.

Salbei-Äpfel *mit Ricotta*

gelingt leicht | raffiniert

	6	**Portionen**
		Zubereitungszeit 40 Min.
Pro Portion		ca. 195 kcal, E 6 g, F 15 g, KH 10 g

1	kleine Lauchzwiebel
60 g	Pinienkerne
250 g	Ricotta
	Salz
	Worcestersauce
400 g	säuerliche Äpfel (z. B. Cox Orange)
3 EL	Olivenöl
5	Salbeiblätter
1 EL	Zitronensaft
	grob gestoßener Pfeffer

● Für die Ricotta-Kugeln die Lauchzwiebel putzen, abspülen und in feine Ringe schneiden. Die Pinienkerne hacken. Ricotta, Zwiebelringe und Pinienkerne verrühren und mit Salz und Worcestersauce kräftig abschmecken. Kalt stellen.

● Die Äpfel abspülen und die Kerngehäuse mit einem Apfelausstecher herausstechen. Die Äpfel mit Schale in feine Scheiben hobeln. Das Öl in einer großen Pfanne erhitzen. Apfelscheiben und Salbeiblätter darin portionsweise etwa 2 Min. braten.

● Apfelscheiben und Salbei auf Tellern anrichten. Den Zitronensaft ins Bratfett rühren. Mit Salz und Pfeffer würzen und über die Äpfel geben.

● Aus dem Ricotta mit einem Eiskugelformer Kugeln formen und auf die Salbei-Äpfel setzen. Noch warm servieren und eventuell etwas Pfeffer darüberstreuen.

Tipps Die Salbei-Äpfel können auch als Vorspeise serviert werden, dann etwas Pumpernickel-Brot dazu servieren.

Ricotta ist ein italienischer Frischkäse, der aus Kuh- oder Schafmilch hergestellt wird. Er wird durch das Erhitzen von Molke gewonnen, die bei der Käseherstellung quasi als »Abfallprodukt« anfällt. Ricotta hat einen feinen, leicht süßlichen Geschmack und kann je nach Sorte zwischen 20 und 75 % Fett in der Trockenmasse enthalten. Wie alle Frischkäsesorten benötigt er keine Reifezeit.

Obstsalat

einfach | erfrischend

4	**Portionen**
	Zubereitungszeit 50 Min.
	Marinierzeit 1 Std.
Pro Portion	**ca. 320 kcal, E 3 g, F 1 g, KH 70 g**

1	Bio-Limette
75 g	Zucker
1	Babyananas
2	Orangen
1	Apfel
1	reife Birne
1	Mango (300 g)
1	Papaya (300 g)
200 g	kleine blaue kernlose Weintrauben
2	Kiwis
	etwas Puderzucker zum Abschmecken

Tipp
Gut gekühlt und mit Schlagsahne schmeckt der Salat am besten.

• Die Limette heiß abspülen, trocken tupfen und die Schale fein abreiben. Den Saft auspressen. Den Zucker mit 2 EL Wasser in einer Pfanne goldbraun karamellisieren lassen.

• 100 ml Wasser und den Limettensaft dazugießen (Vorsicht, es spritzt!), kurz aufkochen lassen und vom Herd nehmen. Rühren, bis sich der Zucker wieder gelöst hat. Den Sirup abkühlen lassen.

• Die Ananas schälen, vierteln und den harten Mittelstrunk entfernen. Das Fruchtfleisch in Stücke schneiden. Die Orangen dick abschälen, sodass die weiße Haut vollständig mit entfernt wird. Orangenfilets über einem Teller mit einem spitzen Messer links und rechts an den Trennhäuten entlang einschneiden und herauslösen, den Saft auffangen.

• Apfel und Birne abspülen, vierteln, entkernen und in Scheibchen schneiden. Die Mango schälen und das Fruchtfleisch in Spalten vom Stein schneiden. Das Fruchtfleisch würfeln. Papaya vierteln und die Kerne mit einem Teelöffel herauslösen. Fruchtfleisch schälen und würfeln. Trauben abspülen und von den Stielen streifen. Kiwis schälen und in dünne Spalten schneiden.

• Zuckersud, aufgefangenen Orangensaft, Limettenschale und Früchte mischen. Den Obstsalat etwa 1 Std. im Kühlschrank durchziehen lassen. Mit Puderzucker abschmecken und servieren.

Stachelbeeren *mit Eissauce*

einfach | schnell

6 **Portionen**
Zubereitungszeit 40 Min. + Abkühlzeit
Pro Portion **ca. 365 kcal, E 3 g, F 14 g, KH 55 g**

500 g	reife Stachelbeeren
1	reife Mango (etwa 500 g)
½ l	naturtrüber Apfelsaft
2 EL (30 g)	Speisestärke
etwa 100 g	Zucker
250 g	Vanille-Eiscreme
250 g	Sahne

• Für das Kompott die Stachelbeeren abspülen und putzen. Die Mango schälen. Das Fruchtfleisch vom Stein schneiden und klein würfeln.

• Den Apfelsaft aufkochen. Stärke und 3 EL Wasser glatt rühren, unter Rühren in den Apfelsaft gießen und nochmals aufkochen lassen. Die Stachelbeeren dazugeben und unter Rühren etwa 4 Min. kochen lassen. Den Topf vom Herd nehmen und die Mangowürfel und den Zucker unterrühren. Das Kompott abkühlen lassen.

• Für die Vanille-Eissauce das Eis kurz vor dem Servieren etwas antauen lassen. Die Sahne steif schlagen und mit den Quirlen des Handrührgerätes unter das angetaute Eis rühren. Das Kompott abschmecken und sofort mit der Eissauce servieren.

Tipps Zucker und Früchte müssen etwas durchziehen, damit das Kompott einheitlich süß schmeckt.

Stachelbeeren werden reif und unreif geerntet. Die unreifen grünen Früchte eignen sich gut für Kompott, Gelee und Konfitüren. Reife Früchte schmecken angenehm süß und haben oft eine leicht rötliche Schale. Am besten frisch vom Strauch verzehren!

Klassiker

Birne Hélène

Kein Geringerer als der große Koch Auguste Escoffier kreierte dieses Dessert in Paris – angeregt durch Jacques Offenbachs Operette »Die schöne Helena«.

4	**Portionen**
	Zubereitungszeit 45 Min.
Pro Portion	**ca. 485 kcal, E 7 g, F 32 g, KH 45 g**

4	kleine reife Birnen (à 200 g)
2	Vanilleschoten
1	Bio-Limette
40 g	Zucker
150 g	Zartbitter-Schokolade
150 g	Sahne
	Zimtpulver
4 Kugeln	Vanilleeis

● Die Birnen abspülen oder schälen, halbieren und entkernen (Step 1). Die Vanilleschoten längs aufschneiden und das Mark mit einem spitzen Messer herauskratzen. Die Limette heiß abspülen, trocken tupfen und die Schale dünn mit einem Sparschäler abschälen. Den Limettensaft auspressen.

● ½ l Wasser mit Zucker, Vanillemark, Schoten, Limettensaft und -schale bei kleiner Hitze in 10 Min. zu einem Sud kochen. Die Birnenhälften dazugeben, bei kleiner Hitze etwa 5 Min. kochen und im Sud abkühlen lassen (Step 2).

● Die Schokolade in Stücke brechen. Die Sahne in einem kleinen Topf erhitzen und die Schokolade darin auflösen. Die Schokoladensahne mit etwas Zimt abschmecken.

● Birnen abtropfen lassen und je zwei Hälften senkrecht stehend (dafür eventuell unten flach schneiden) auf Portionstellern anrichten. Etwas heiße Schokoladensauce darübergießen und das Dessert mit 1 Kugel Vanilleeis servieren.

Tipps Der Birnensud schmeckt gut gekühlt als Fruchtgetränk oder heiß mit Tee und eventuell einem Schuss Rum als Früchtepunsch.

Vanilleschoten sind teuer. Stattdessen können für den Sud auch 2 Päckchen Bourbon-Vanillezucker genommen werden.

Variante

Wer es noch schokoladiger mag, nimmt statt Vanilleeis ein gutes Schokoladeneis mit knackigen Schokostückchen.

Limetten-Prosecco-Gelee

einfach | raffiniert

6 Portionen
Zubereitungszeit 1 Std.
Kühlzeit mindestens 4 Std.
Pro Portion **ca. 130 kcal, E 2 g, F 0 g, KH 22 g**

6 Blatt	weiße Gelatine
2	Bio-Limetten
125 ml	Limettensirup (Lime Juice)
300 ml	Prosecco
1	reife Mango

• Die Gelatine in kaltem Wasser etwa 10 Min. einweichen. Die Limetten heiß abspülen, trocken tupfen und die Schale von 1 Limette fein abreiben. Den Saft von beiden Limetten auspressen und 50 ml Saft abmessen.

• Limettensirup und -saft in einem Topf erhitzen, vom Herd nehmen. Die Gelatine gut ausdrücken und unter Rühren darin auflösen. Den Prosecco dazugießen, gut verrühren und die Masse für etwa 10 Min. kalt stellen.

• Inzwischen die Mango schälen und das Fruchtfleisch vom Stein schneiden. Etwa 100 g Fruchtfleisch in feine Würfel schneiden.

• Sechs Tassen oder Förmchen (125 ml Inhalt) kalt ausspülen und den Limetten-Prosecco-Sud etwa zwei Drittel hoch einfüllen. Mangowürfel und Limettenschale mischen und auf die Förmchen verteilen.

• Die Förmchen für etwa 4 Std., besser über Nacht, kalt stellen. Die Tassen kurz in heißes Wasser tauchen, das Gelee vom Rand lösen und auf Teller stürzen.

Dazu Vanillesauce

Variante Restliches Mango-Fruchtfleisch pürieren und mit Joghurt verrühren. Mit Vanillezucker abschmecken und zum Prosecco-Gelee servieren.

Tipp Die Gelatineblätter einzeln in kaltes Wasser legen. Bleiben sie zusammen, verkleben die Blätter zu schnell und können in der Mitte nicht quellen.

Aprikosen-Charlotte

für Gäste | gut vorzubereiten

6 Portionen
Zubereitungszeit 1 Std.
Kühlzeit mindestens 4 Std.
Pro Portion ca. 325 kcal, E 11 g, F 4 g, KH 51 g

250 g	weiche, getrocknete Aprikosen (Soft-Früchte)	3 EL	Zitronensaft
400 ml	trockener Weißwein	etwa 150 g	breite Löffelbiskuits
120 g	Zucker	3–4	frische Aprikosen
7–8 Blatt	weiße Gelatine	1–2 EL	Amaretto (oder Orangensaft)
500 g	Speisequark (20 % Fett)	1 EL	Mandelblättchen
			Puderzucker zum Bestäuben

- Für die Füllung die Aprikosen mit dem Wein und 3 EL Zucker bei mittlerer Hitze etwa 15 Min. kochen lassen. Dann die Aprikosen mit dem Wein mit dem Stabmixer fein pürieren. Das Fruchtpüree abkühlen lassen. Die Gelatine 10 Min. in kaltem Wasser einweichen.

- Den Quark mit dem restlichen Zucker mit einem Schneebesen verrühren. Den Zitronensaft in einem kleinen Topf lauwarm erwärmen. Die Gelatine ausdrücken und darin auflösen. Je zur Hälfte unter das Aprikosenmus und den Quark rühren.

- Für die Charlotte den Boden und den Rand einer Springform (20 cm ∅) mit Löffelbiskuits auslegen. Die Kekse eventuell in die richtige Länge schneiden. Aprikosenmus und Quarkcreme jeweils in dünnen Schichten in die Form streichen, bis beides verbraucht ist.

- Die Charlotte mit Frischhaltefolie gut abdecken und für mindestens 4 Std., besser über Nacht, in den Kühlschrank stellen.

- Die frischen Aprikosen abspülen, trocken tupfen, halbieren und den Stein herauslösen. Aprikosenhälften in Spalten schneiden und mit dem Likör mischen. Abgedeckt etwa 15 Min. ziehen lassen. Mandelblättchen in einer Pfanne ohne Fett goldbraun rösten. Herausnehmen und abkühlen lassen.

- Die Charlotte vorsichtig aus der Form lösen und auf einen Teller setzen. Die marinierten Aprikosen darauf anrichten und mit Mandelblättchen und Puderzucker bestreuen. Sofort servieren.

Rhabarber-Trifle *mit Likör*

für Gäste

4	**Portionen**
	Zubereitungszeit 40 Min.
Pro Portion	**ca. 375 kcal, E 14 g, F 10 g, KH 47 g**

200 g	Rhabarber
4 Päckchen	Bourbon-Vanillezucker
1	Bio-Orange
100 g	Sahne
350 g	Magerquark
90 g	Zucker
1 TL	Limettensaft
4	Löffelbiskuits
4–8 EL	Galliano (ital. Kräuterlikör)
½ TL	Speisestärke

• Den Rhabarber putzen, abspülen und in kleine Stücke schneiden. 150 ml Wasser mit 3 Päckchen Vanillezucker aufkochen. Die Rhabarberstückchen dazugeben und zugedeckt bei kleiner Hitze 5–8 Min. ziehen lassen. Den Topf vom Herd nehmen und den Rhabarber ganz abkühlen lassen.

• Die Orange heiß abspülen, trocken tupfen, die Schale fein abreiben und den Saft auspressen. Die Sahne mit dem restlichen Vanillezucker steif schlagen.

• Quark, Zucker, 2 TL abgeriebene Orangenschale, 1 EL Orangensaft und den Limettensaft verrühren. Die Sahne unterheben.

• Die Biskuits in etwa 2 cm lange Stücke schneiden. Den Boden von vier Gläsern mit einigen Biskuitstücken belegen und mit je ½–1 EL Likör beträufeln. Je etwa 2 EL Quarkmasse daraufgeben und mit abgetropftem Rhabarber belegen. Wieder etwas Quarkcreme, dann Löffelbiskuits daraufgeben und mit Likör beträufeln. So weiterarbeiten, bis Quarkcreme und Rhabarber verbraucht sind.

• Die Stärke mit 1 EL Wasser verrühren. Den Rhabarbersud aufkochen, die Speisestärke einrühren und kurz aufkochen. Abkühlen lassen. Kurz vorm Servieren etwas Rhabarbersauce über Quark und Rhabarber träufeln.

Kirsch-Clafoutis *in Papier*

einfach | schmeckt Kindern

6	Portionen
	Zubereitungszeit 40 Min.
	Backzeit 35 Min.
Pro Portion	ca. 440 kcal, E 12 g, F 20 g, KH 50 g

5	Eier
80 g	Zucker
75 g	Butter
150 g	Mehl
350 ml	Milch
	Salz
2 EL	Kirschwasser nach Belieben
700 g	Süßkirschen
	Butter zum Einfetten

Dazu
flüssige Sahne und
etwas Puderzucker

● Den Backofen auf 200° (Umluft 180°, Gas Stufe 4) vorheizen. Für den Teig Eier und Zucker mit den Quirlen des Handrührgerätes schaumig schlagen. 25 g Butter schmelzen. Flüssige Butter, Mehl, Milch und 1 Prise Salz unterrühren. Eventuell das Kirschwasser unterrühren (für Kinder weglassen).

● Die Kirschen abspülen, trocken tupfen, entstielen und entsteinen. Sechs Streifen Backpapier (20 × 40 cm) zuschneiden und an beiden Enden wie Bonbons zusammendrehen. An den offenen Rändern so auseinanderziehen, dass ein Innenraum entsteht. Den Boden des Innenraumes dünn mit Butter einstreichen.

● Auf jeden Papierboden etwas Teig gießen und die Päckchen auf ein Backblech legen. Im Ofen etwa 5 Min. vorbacken, damit der Teig gerade eben fest ist. Den Herd eingeschaltet lassen.

● Die vorgebackenen Teigböden mit den Kirschen belegen. Den restlichen Teig darübergießen. Die restliche Butter in kleinen Flöckchen auf den Teig legen. Die Clafoutis weitere 30 Min. backen. Heiß oder lauwarm servieren.

Tipp Clafoutis sind ein tolles süßes Hauptgericht für heiße Sommertage. Dann reicht das Rezept für 3 Portionen.

Variante Statt Kirschen können auch Aprikosenstückchen, Erdbeeren oder Feigen in den Teig eingebacken werden.

Gebackene Feigen

einfach | raffiniert

4	**Portionen**
	Zubereitungszeit 35 Min.
Pro Portion	**ca. 175 kcal, E 4 g, F 4 g, KH 28 g**

4	frische Feigen
1	Ei
40 g	Marzipan-Rohmasse
2 EL	Amaretto (oder Mandelsirup)
1 EL	Rosenwasser (Apotheke oder Bioladen)
2 EL	Zucker
2 EL	Mehl
	Salz

• Den Backofen auf 180° (Umluft 160°, Gas Stufe 3) vorheizen. Die Feigen vorsichtig abspülen und trocken tupfen. Die Früchte vom Stängel her sternförmig einritzen, leicht öffnen und mit einem Teelöffel etwas Fruchtfleisch aus der Mitte herausnehmen.

• Für den Teig das Ei trennen. Das Marzipan auf der Reibe grob raspeln. Feigenfruchtfleisch, Eigelb, Marzipan, Amaretto, Rosenwasser, Zucker und Mehl mit den Quirlen des Handrührgerätes etwa 1 Min. lang cremig verrühren.

• Das Eiweiß mit 1 Prise Salz zu steifem Schnee schlagen. Den Eischnee unter den Marzipanteig heben. Etwas Teig in die Feigen füllen. Die Feigen in halbhohe ofenfeste Förmchen oder kleine Tassen stellen und im Ofen etwa 20 Min. backen. Die Feigen am besten lauwarm servieren.

Dazu Pistazieneis

Tipps Bei uns gibt es Feigen mit grüner Schale, mit dunkel violetter Schale und mit grün-rötlicher Schale. Die meisten Früchte stammen aus der Türkei, die auch größter Lieferant für getrocknete Feigen ist.

Frische Feigen sind sehr empfindlich und sollten schnell verbraucht werden.

Unreife Früchte reifen nicht nach und schmecken nicht aromatisch.

Das große Plus: Desserts

Selbstgemachtes Eis

Eismachen ist ganz einfach. Das Prinzip ist, mit und ohne Eismaschine, immer gleich: Je mehr die Eismasse gerührt wird, desto kleiner und feiner werden die Eiskristalle und um so mehr Luft wird in das Eis eingearbeitet – das zusammen ergibt den zarten Schmelz.

Bei einer Eismaschine übernimmt diese das Rühren und Kühlen. Die meisten Maschinen haben einen dicken Eis-Akku als Boden, der mindestens 24 Std. im Gefriergerät stehen muss, damit er genug kühlen kann. Er wird in die Maschine eingesetzt, das Rührwerk daraufgesetzt und die Eismasse hineingefüllt. Nach etwa 20 Min. ist das Eis angefroren und halbfest. Dann kann es umgefüllt und ganz gefroren werden. Nachteil: Für eine weitere Sorte oder mehr Eis muss der Akku wieder 24 Std. eingefroren werden.

Ohne **Eismaschine** ist mehr Handarbeit gefragt: Die Eismasse in ein flaches Edelstahlgefäß geben, es leitet die Kälte am besten. Für etwa 30 Min. ins Gefriergerät stellen. Das ganz leicht angefrorene Eis nun mit dem Schneebesen oder dem Stabmixer sehr gründlich durchschlagen, damit größere Eiskristalle fein zerkleinert werden. Das Eis wieder etwa 30 Min. gefrieren, wieder pürieren oder durchrühren. So oft wiederholen, bis das Eis schön cremig und halbfest gefroren ist, dann umfüllen und ganz gefrieren lassen.

Ein **Granité** oder eine **Granita** ist ein sehr grobkörniges Eis, meist auf Basis von Fruchtsaft. Die Herstellung ist simpel: Die Eismasse in eine flache Edelstahlform geben und nur selten leicht mit einer Gabel durchrühren, damit beim Einfrieren keine Platte, sondern möglichst große Eisstückchen entstehen – also genau das Gegenteil von Cremeeis.

Achtung, Salmonellen! Wer Eis mit frischen Eiern herstellt, muss darauf achten, dass die Eismasse einmal richtig heiß geworden ist, um Salmonellen abzutöten. Am besten auf die Eier-Zuckermasse kochende Milch oder Sahne geben.

Mousse, Parfait und Soufflé

Da zergehen schon die Namen auf der Zunge: Mousse, Parfait und Soufflé sind immer noch die ungeschlagenen Stars auf jeder Dessertkarte. Alle drei sind wunderbar luftig anzusehen, aber der Schein trügt: Sie haben es im Hinblick auf Kalorien dank Eiern und Sahne meist ganz schön in sich.

Mousse: Die klassische Mousse au chocolat besteht aus viel dunkler Schokolade, Eigelben und noch mehr Sahne. Die Eigelbe mit Zucker auf dem Wasserbad aufschlagen, dann geschmolzene Schokolade und steif geschlagene Sahne dazugeben. Im Kühlschrank wird die Mousse schnell fest – fertig. Weniger kalorienhaltig sind Quark- oder Fruchtmousses. Hier kom-

men zur Basis aus Eigelb statt Schokolade Fruchtmark oder abgetropfter Quark dazu. Luftig auf die leichte Art sind alle Sorten, wenn ein Teil der Sahne durch Eischnee ersetzt wird.

Parfaits haben auch die Eigelb-Zucker-Grundlage, dann kommt der jeweilige Geschmacksträger dazu, meist als Fruchtmark oder aromatisierte Sahne. Unter die Eimasse wird wieder eine große Portion steife Schlagsahne gezogen, das macht das Parfait locker und cremig. Wer mag, gibt noch Fruchtstückchen dazu, bevor das Parfait für einige Std. eingefroren wird. Leicht angetaut serviert schmeckt es besonders zart und aromatisch. Wer es schlanker möchte: Auch das Parfait wird mit Eischnee statt Sahne deutlich leichter, schmeckt dann jedoch nicht mehr so cremig. Achtung bei der Zugabe von Alkohol: Zu viel davon, und die Masse gefriert nicht richtig, da Alkohol auch bei Minusgraden flüssig bleibt. Diese Eigenschaft kann

man aber nutzen, indem die stückigen Früchte fürs Parfait oder fürs Eis in Alkohol mariniert werden. Dann bleiben die Früchte auch nach dem Gefrieren weich.

Soufflés sind kleine Meisterwerke – nicht von der Zubereitung her, das ist nicht schwer, eher wegen der Zeitplanung im Menü. Die luftig-leichten Törtchen mögen absolut keine Wartezeiten, daher muss der Teig sofort in den vorgeheizten Ofen und dann, noch wichtiger, aus dem Ofen sofort auf den Tisch. Soufflés sind eine Mischung aus Mehlschwitze und Brandteig, dem viel Eischnee untergezogen wird. Da sich die im Eischnee eingeschlossene Luft bei Wärme ausdehnt, verdoppelt sich das Teigvolumen im Ofen und die typische Souffléform mit dem braunen Deckelchen entsteht. Ohne Ofenhitze fällt die feine Teigstruktur leider schnell wieder zusammen. Soufflés schmecken süß und herzhaft und sind sowohl ein feiner Zwischengang im großen Menü als auch ein schönes warmes Dessert.

Kakao, Schokolade & Co.

Das Ausgangsprodukt ist die Kakaobohne. Sie wächst in Schoten am Kakaobaum. Die Bohnen werden aus den Schoten gelöst, fermentieren einige Tage, um das typische Aroma auszubilden und werden dann geröstet und gemahlen. Aus der pastösen Kakaomasse werden Kuvertüre und Schokolade hergestellt. Wird der Kakaomasse das Fett, die Kakaobutter, durch Pressen entzogen, entsteht das **Kakaopulver**. Zurück bleibt Kakaobutter, je nach Pressdruck unterschiedlich viel. Kakaopulver mit noch etwa 10 % Fett wird »stark entölt« genannt, das »schwach entölte« hat noch etwa 20 % Fett. Je höher der Fettanteil, desto aromatischer ist der Kakao, da das Fett ein guter Geschmacksträger ist. Stärker fetthaltiges Pulver löst sich jedoch nicht so gut auf wie stärker entöltes, ist also für Kakaogetränke eher nicht geeignet.

Schokolade: Kakaomasse wird mit Zucker und Kakaobutter in verschiedenen Verhältnissen vermischt, dazu kommen Aromaten wie Vanille, Nüsse, Kaffee, Chili oder sogar Pfeffer. Je höher der Kakaoanteil, desto dunkler und herber ist die Schokolade. Eine Schokolade mit 100 % Kakaoanteil gibt es daher nicht, das wäre eine Tafel pure Kakaomasse. Für handgemachte Schokoladen und Pralinen ist Kuvertüre die Basis; sie wird geschmolzen und mit verschiedenen Aromaten veredelt.

Kuvertüre (Bild 1) besteht nur aus Kakaomasse, Kakaobutter und Zucker. Sie hat einen recht hohen Fettgehalt, das lässt sie gut schmelzen und macht sie ideal zum Überziehen von Torten und Gebäck. Der perfekte Überzug ist schön glänzend und knackig. Es gibt weiße Kuvertüre, Vollmilch- und Bitterkuvertüre. Weiße Kuvertüre hat außer der Kakaobutter keine anderen Kakaobestandteile und ist daher nur bedingt mit den anderen Sorten vergleichbar. Bei Milchkuvertüre ist Milch bzw. Milchpulver zugesetzt, sodass die Schokolade einen Fettgehalt von 32 % hat, dazu 30–40 % Zucker. Bitterkuvertüre gibt es mit unterschiedlichem Kakaogehalt, meist sind es 50 %.

Temperieren

Kuvertüre ist empfindlich und muss besonders behandelt werden, damit ein glänzender Schokoüberzug entsteht: Die Kuvertüre auf etwa 40° erwärmen, dann auf etwa 30° abkühlen und wieder auf etwa 32° erwärmen. In diesem Prozess, dem Temperieren, können sich Kakaomasse und Kakaobutter perfekt miteinander verbinden, die Kuvertüre glänzt. (Bild 2) Am besten im Wasserbad arbeiten und dabei ein Thermometer benutzen. Wer mehr Übung hat, kann die Temperatur an der Oberlippe erfühlen. Ist die geschmolzene Kuvertüre zu heiß, kurz in das Gefrierfach stellen und dabei regelmäßig durchrühren. Oder etwas sehr

1

2

fein gehackte Kuvertüre in die flüssige Masse rühren, um die Temperatur zu senken. Wenn sie leicht dick wird, ist sie kühl genug. Noch einmal kurz erwärmen, dann kann sie aufgetragen werden. Dabei Folgendes beachten, sonst wird der Überzug grau statt glänzend:

● Es darf kein Wasser in die Kuvertüre gelangen, auch keine wasserhaltigen Zutaten wie Saft oder Alkohol.

● Nicht über 45° erhitzen, sonst trennen sich Kakaomasse und Kakaobutter.

● Keine Krümel, Mehl oder andere Stoffe in die Kuvertüre kommen lassen.

● Die Kuvertüre nur einmal schmelzen, Reste dünn ausstreichen, fest werden lassen und dann in Stückchen brechen und pur essen oder zum Backen benutzen.

Das steht: Gelatine und Agar-Agar

Gelatine gibt Cremes und Gelees den nötigen Halt. Sie wird aus Knochen hergestellt und ist geschmacksneutral. Sie wird in verschiedenen Formen angeboten: klar oder rot gefärbt, als Blatt oder Pulver und seit neuestem als Gelatine-Fix. Das Fixprodukt muss nicht erwärmt werden, es wird nur mit dem Lebensmittel aufgeschlagen, das gelieren soll. Blattgelatine ist besser zu dosieren als Pulver und wird am häufigsten verwendet. Für ½ l Flüssigkeit reichen 6 Blätter Gelatine. Diese in kaltem Wasser einweichen (Bild 1), dann ausdrücken und in die warme, nicht zu heiße, Flüssigkeit geben, wo sie sich von selbst auflöst (Bild 2), oder tropfnass in einem Töpfchen erwärmen, meist mit etwas Flüssigkeit. Wichtig: die Gelatine nicht kochen, sonst verliert sie ihre Gelierkraft. Die flüssige Gelatine dann unter die Füllung ziehen. Damit die warme Gelatine in der kalten Füllung nicht sofort anzieht und klumpt, nimmt man 2–3 EL von der kalten Masse ab und rührt sie unter die warme Gelatine. Diese Mischung dann unter die gesamte kalte Masse heben. Nun kalt stellen und nach etwa 4 Std. ist alles fest und lässt sich sogar stürzen.

Pflanzliche Alternativen sind **Agar-Agar** und **Johannisbrotkernmehl** (Biobin). Agar-Agar wird aus Algen gewonnen. Nicht immer ist der Austausch von Agar-Agar oder Johannisbrotkernmehl gegen Gelatine möglich, denn die Zubereitung ist anders. Schauen Sie deshalb unbedingt auf die Packungsangabe. Zum Beispiel lässt sich ein mit Agar-Agar gebundenes Gelee nicht stürzen.

1 Blattgelatine wird zunächst etwa 5 Min. in reichlich kaltem Wasser eingeweicht.

2 Dann muss sie in Flüssigkeit aufgelöst werden und bindet und geliert beim Abkühlen.

Zum Gebrauch

Damit Sie Rezepte mit bestimmten Zutaten noch schneller finden können, stehen in diesem Register zusätzlich auch beliebte Zutaten wie **Äpfel** oder **Quark** – ebenfalls alphabetisch geordnet und **hervorgehoben** – über den entsprechenden Rezepten.

Die BRIGITTE-Kochbuch-Edition

ISBN 978-3-8338-1505-8

ISBN 978-3-8338-1506-5

ISBN 978-3-8338-1507-2

ISBN 978-3-8338-1511-9

ISBN 978-3-8338-1512-6

ISBN 978-3-8338-1513-3

NIE WIEDER ZETTELWIRTSCHAFT! Die beliebtesten Rezepte aus der BRIGITTE werden hier vom Kochbuch-Spezialisten GU endlich in einer Edition präsentiert. Rezepte für jeden Anlass, für jede Saison – natürlich mit allen Klassikern und mit vielen Neuheiten. Freuen Sie sich darauf und sammeln Sie mit!

Mehr Kochen war noch nie

ISBN 978-3-8338-1508-9

ISBN 978-3-8338-1510-2

ISBN 978-3-8338-1509-6

ISBN 978-3-8338-1514-0

ISBN 978-3-8338-1515-7

ISBN 978-3-8338-1516-4

KOMPETENT: zwei starke Marken – BRIGITTE und GU – garantieren höchste Qualität und Gelingsicherheit. **WERTVOLL:** schöne Ausstattung mit Lesebändchen. **UNVERWECHSELBAR:** herausragende Gestaltung, auffällig schöne Fotografie. **EMOTIONAL:** das Gute-Laune-Gefühl der BRIGITTE in Buchform.

IMPRESSUM

© 2008
GRÄFE UND UNZER VERLAG GmbH, München
Gruner + Jahr AG & Co KG, Hamburg

Liebe Leserin, lieber Leser,

wir freuen uns, dass Sie sich für ein Buch der Brigitte-Kochbuch-Edition entschieden haben. Mit Ihrem Kauf setzen Sie auf Qualität und Kompetenz zweier starker Marken: Brigitte und GU. Dafür bedanken wir uns bei Ihnen.

Um in Zukunft noch besser auf Ihre Wünsche eingehen zu können, ist uns Ihre Meinung wich- tig. Bitte senden Sie uns Ihre Anregungen, Ihre Kritik, Ihr Lob und auch Ihre Fragen zu unseren Büchern. Wir freuen uns auf Ihre Nachricht!

GRÄFE UND UNZER VERLAG
Leserservice
Postfach 86 03 13
81630 München

Montag – Donnerstag: 8.00 – 18.00 Uhr
Freitag: 8.00 – 16.00 Uhr
Tel: 0180-5 00 50 54*
Fax: 0180-5 01 20 54*
E-Mail: leserservice@graefe-und-unzer.de

*(0,14 €/Min. aus dem dt. Festnetz/ Mobilfunkpreise können abweichen.)

BRIGITTE
Leserservice
Tel: 040-370 30
Fax: 040-37 03 56 34
E-mail: infoline@brigitte.de

Chefredakteur BRIGITTE Andreas Lebert
Programmleitung GU Doris Birk
Projektleitung und Rezeptauswahl Burgunde Uhlig (BRIGITTE), Birgit Rademacker (GU)
Texte Katja Jührend (BRIGITTE)
Rezeptbearbeitung Frauke Prien (BRIGITTE)
Lektorat Adelheid Schmidt-Thomé
Korrektorat Mischa Gallé
Layout, Typografie und Umschlaggestaltung independent Medien-Design, München
Satz Uhl + Massopust, Aalen
Herstellung Petra Roth
Reproduktion Longo AG, Bozen
Druck und Bindung Mohn media, Gütersloh

ISBN 978-3-8338-1514-0

1. Auflage 2008

Rezepte, Produktion und Foodstyling
BRIGITTE-KOCHRESSORT
Seite 61 Christa Schmedes

Bildnachweis
Fotografie Thomas Neckermann
Seite 18, 32 Carsten Eichner
Seite 60 FoodPhotography Eising
Seite 2, 24, 40, 58, 70, 74, 80, 84, 88, 94, 96, 98, 100, 104, 106, 108, 112, 114, 118, 126, 134 Ulrike Holsten
Seite 10, 14, 28, 30 Michael Holz
Seite 138 Joerg Lehmann
Seite 9 Alexander Walter
Seite 132 Klaus Willenbrock

Titel
Foto Ulrike Holsten
Assistenz Verena Kallweit
Styling Dietlind Wolf
Foodstyling Nicole Müller-Reymann

Ein Unternehmen der
GANSKE VERLAGSGRUPPE